美國
엔터테인먼트
全盛時代

美國
엔터테인먼트
全盛時代

- 대중음악 ·영화 ·미디어의 사회사 -

최 석 호

종문화사

CONTENTS

제3부 신경제 정보사회와 엔터테인먼트 재편

결 론 : 한국 엔터테인먼트를 생각한다

참고문헌 및 웹사이트

제1부

조직자본주의와 엔터테인먼트 형성

제1장

....

미국식 자본주의 형성 - 조직자본주의

미국식 자본주의가 형성된 것은 세기의 전환기로부터 1920년대다. 대규모 합병을 통해 경제적 안정을 달성한다. 철도부설로인해 미국 전역을 단일 경제로 묶는다. 자동차·화학 등 신산업이 성장한다. 테일러가 생산현장을 과학적으로 관리하면서 노동과정에 일대 혁신이 일어난다. 그야말로 미국다운 자본주의를 이룩한 것이다.

미국식 자본주의의 형성은 북부 산업도시의 형성과 함께 진행되었다. 흑인 노동력을 차지하기 위한 전쟁에서 북군이 승리한다. 남부에 있는 노예가 북부로 이사를 가면 산업노동자가 된다. 남부 농장에 예속되어 있던 흑인 노동력이 점차 북부 산업도시로 이동한다. 남부 농장주가 북부로 가면 비즈니스맨이 된다. 그리고 미국 산업의 중심이 남부에서 북부로 이동한다. 농업사회에서 산업사회로 탈바꿈한다.

의류와 건조제품(dry goods)에서 상업자본을 운영하던 투자은행들은 철도자산을 인수하면서 산업합병을 주도한다. 세기의 전환기에 합병 물결은 파괴적 경쟁이 난무하던 시장을 안정시키고 규모의 경제를 달성한다. 이 과정에서 유에스 스틸(US Steel, 제철회사), 제너럴 일렉트릭(GE, 가전회사), 에이티앤티(AT&T, 통신회사), 인터내셔널 하베스터(International Harvester, 곡물회사) 등 기업이 탄생한다. 투자은행 제이피 모건(J. P. Morgan)이 산업자본을 형성한다. 록펠러는 뉴욕은행(the City Bank of New York)의 대주주가 된다. 시티은행(City Bank)의 전신이다.(Lash & Urry, 1987: 67~78)

그러나 철도에 이어서 산업합병에서도 자산가치보다 2배 높은 가격으로 물타기 주식을 발행한 것이 결국 문제를 일으킨다. 높은 고정금리와 상환금으로 말미암아 이윤이 악화된다. 이윤율 하락은 경쟁력 하락으로 이어졌다. 게다가 수평적으로 합병을 했기 때문에 규모의 경제가 달성되지 않았다. 결국 1929년 10월 24일 소위 '검은 목요일'(Black Thursday)의 재앙을 맞는다. 뉴욕 증권거래소 대폭락 사태에 이어서 은행과 기업이 줄줄이 도산한다. 노동자 대량실업으로 노숙자가 늘어난다. 검은 목요일은 급기야 전 세계로 확산된다. 기업이 트러스트를 형성하여 시장을 독점한 것이 결국 미국 경제를 망가뜨린다. 시장은 실패했다.

미국 경제 전반에 대한 대수술이 불가피했다. 시장실패와 함께 중병에 걸린 자유자본주의를 대체할 대수술이 불가피했지만 아무도 그 대안을 제대로 알지 못했다. 문제를 일으킨 탐욕스러운 자본이 스스로 문제를 해결할 수도 없는 노릇이었다. 아직 미성숙한 중간계급은 역사상 초유의 사태를 맞은 미국 경제를 책임질 역량을 갖추지 못했다. 풍요에 길들여진 노동자들은 당장 눈앞에 닥친 경제위기를 헤쳐 나가기에 여념이 없었다. 수술대에 오른 미국 경제를 집도할 의사는 국가였다.

연방정부 불간섭에서 뉴딜정책으로

볼세비키 혁명의 성공을 이룩한 지 5년도 되지 않아서 레닌은 경제파탄과 절망의 와중에서 호전적 공산주의자들의 공격에 직면한다. 1922년 11월 이미 중병을 앓고 있었던 레닌은 뻬쩨르부르크에서 열린 공산주의 인터내셔널 제4차 회의에서 자신을 의심했던 모든 사람들을 설득시키고 획기적인 경제개혁을 단행한다. 경제의 핵심적인 요소인 경제고지(commanding heights)는 국가가 통제하고 소규모 상업과 자영농업의 재개를 허용하는 조치다.(Yergin et. al., 1999: 10-13) 국가통제를 기반으로 시장기능을 되살리는 수정사회주의를 채택한 것이다.

순식간에 금세 영국 노동당과 인도 국민회의에 전파된다. 미국 민주당 역시 예의 주시하고 있었다. 소비에트와는 반대로 시장실패를 보완할 국가 통제, 즉 사회복지와 시장독점에 대한 규제를 확립해야 하는 수정자본주의의 과제를 해결할 수 있는 방안을 찾았기 때문이다. 미국은 정부의 소유권이 아닌 각종 경제적 규제를 통해서 경제고지를 통제하는 수정자본주의, 곧 미국판 규제자본주의(regulatory capitalism)를 탄생시킨다.

1914년 7월 28일 10시 50분 사라예보의 총성은 인류 역사상 볼수 없었던 미증유의 전쟁으로 이어진다. 유럽 전역을 전쟁의 포화속에 몰아넣은 이 전쟁으로 미국은 엄청난 전쟁 특수를 누린다. 최초의 산업화된 전쟁이었던 제1차 세계대전에서 전쟁에 휩싸이지 않았던 산업시설을 가진 나라는 미국 밖에 없었기 때문이다. 미국은 포드자동차의 조립라인을 군수산업에 적용함으로써 시장을 무한대로 팽창시켰다. 소위 말하는 전쟁의 산업화(the industrialization of war)

다.[1] 그러나 1918년 11월 11일 독일이 항복한 이후에도 미국은 전시산업 생산체제를 평시산업 생산체제로 전환하지 않았다. 자유자본주의 하에서 생산의 조절은 시장에서 자동적으로 일어나야만 하는데 그것이 작동하지 않았다는 뜻이다. 미국 자본은 전쟁시장을 평화시장으로 전환하지 않았다. 평화시장을 거의 무한대로 확대했던 전쟁시장을 원래 평화시장으로 전환하느니 파국으로 가는 편이 낫다고 판단한 것이다. 전쟁이 끝나고 평화가 찾아 온 다음에도 경쟁 없는 전쟁시장에서 누렸던 엄청난 이윤을 차지할 방법을 찾아낸다.

탐욕을 이어 간 방법은 기업을 통제하고 시장을 독점한 트러스트(trust)였다.[2] 투자은행이 기업의 자산가치보다 2배나 높은 가격으로 물타기 주식을 발행하여 기업에 대한 통제권을 확보한 뒤 뻥튀기된 기업을 합병함으로써 시장을 독점하는 방식이다.(Lash & Urry, 1987: 68-73) 전쟁특수를 누릴 때는 이것이 작동했는데, 전쟁특수가 사라지면서 처참한 결과를 초래한다. 높은 고정금리와 할부상환금으로 말미암아 기업의 이윤율이 떨어진다. 결과적으로 경쟁력이 떨어진다. 게다가 수평적으로 합병해서 덩치만 키웠기 때문에 규모의 경제가 실현되지도 않았다. 급기야 1929년 10월 24일 뉴욕증권거래소는 멈춰버리고 만다. 대공황이다.

---

1) 생산을 산업화(기계제 대량생산)하고, 공간을 산업화(공장제 대도시화)하였으며, 마침내는 전쟁을 산업화했다. 전쟁의 산업화로 말미암아 공장에서 대량살상무기를 대규모로 생산할 수 있게 되었는데, 산업화된 최초의 전쟁이 제1차 세계대전이었다. 불과 4년 남짓한 기간 동안 모두 900만 명이 산업화된 전쟁의 희생양이 되었다. 해가 지지 않는 나라 대영제국이 전쟁의 포화에 휩싸이면서 더 이상 세계의 공장노릇을 할 수 없었다. 그 빈자리를 미국이 대신하면서 미국 경제는 급성장했다.

2) 합병을 통해 시장지배력을 확보하면, 시장지배력을 이용하여 생산량을 감소시키고 가격을 인상하게 된다. 이러한 이유로 미국 연방정부는 기업의 합병을 규제하기 시작했다. 합병을 통한 시장독점 방식이었던 트러스트는 다음과 같이 작동했다. 트러스트 내에서 기업들은 독자적으로 운영되지만 의사결정권을 이사회에 위임한다. 의사결정권을 위임 받은 이사회는 기업들 간에 동일한 가격을 설정하고 서로 경쟁하지 않도록 담합하게 만든다.(Hubbard & O'Brien, 2007: 495~498)

명백한 시장실패(market failure) 상황에서 집권한 루즈벨트(Franklin D. Roosevelt) 대통령은 자유자본주의가 아닌 규제자본주의를 지향한다. 경제규제는 시장실패의 주범인 대기업과 대기업의 시장독점을 어떻게 깰 것인지에 초점을 맞추었다. 루즈벨트는 "트러스트를 원 상태로 돌리기는 미시시피강의 홍수를 막는 것처럼 쉬운 일이 아니었다. 하지만 댐을 쌓으면 규제하고 조절할 수 있다"고 생각했다. 한편으로 트러스트를 파괴함으로써 자유자본주의를 종식시키고, 다른 한편으로 댐을 건설함으로써 조직자본주의의 시대를 열고자 했다. 이로써 대기업을 규제하고 시장조절 기능을 다시 살려내고자 했던 뉴딜정책을 본격적으로 시행한다.

대공황이라는 엄청난 사건을 목전에 두고도 뉴딜은 쉽사리 자리를 잡지 못하고 몇 차례의 수정을 계속해야만 했다. 루즈벨트 대통령은 국가재건국(National Recovery Administration)을 통해서 정부·자본·노동 등 3자가 머리를 맞대고 합의를 도출함으로써 공급과잉 문제를 해결하고자 했다. 그러나 법원은 이 기구를 불과 2년 만에 퇴출시켜버린다. 투기를 근절하고 투자자를 보호함으로써 무너진 금융시장을 재건하여 원활하게 움직이게 하기 위해 증권거래위원회(Stock and Exchange Commission) 위원장에 조셉 케네디(Joseph P. Kennedy)[3]를 임명하고자 했다. 하지만 거센 반대에 부딪히면서 위원회가 제대로 작동하지 못한다. 가장 강력하게 반대했던 뉴욕 증권거래소 위원장 리차드 휘트니(Richard Whitney)의 3천만 달러 횡령사건이 불거진 연후에야 증권거래위원회가 제대로 활동할 수 있었다.(Yergin et. al., 1999: 72-84) 투자자가 제대로 투자를 했는지 그리고 투자한 회사를 정상적으로 경영하고 있는지를 투자자가 알 수 있도록 존 케네

---

3) 투기 전문가를 위원장에 임명함으로써 금융시장을 정상화시키고자 했다. 조셉 케네디는 투기전문가였으며 케네디 대통령(John F. Kennedy)의 아버지다.

디는 기업재무공개와 제3자 감사를 의무화했다. 역사상 최초로 회계사라는 직업이 탄생한 순간이다.

1936년 9월 10일 푸른 초장(Green Pasture) 연설을 하기 위해 노스 캐롤라이나 샤롯데 시립구장으로 가던 중 비에 젖은 루즈벨트 대통령(왼쪽). 아무리 비가 쏟아져도 루즈벨트는 빛났다. 루즈벨트 대통령은 1935년 5월 11일 '농촌전력국'(The Rural Electrification Administration)을 창설했다. 사설 전기공급업체가 전기를 공급하지 않는 외딴 농촌에 전기를 공급하기 위한 것이었다. 농촌에 전기를 공급하기 위해서 전봇대 위에서 공사하는 전공을 농부들이 지켜보고 있다(오른쪽).

그럼에도 불구하고 1938년에서 1940년 케인즈의 재정정책이 미국에 적용된 이후에서야 뉴딜이 제 모습을 갖추었다. 1936년 케인즈의 저서『고용 이자 및 화폐에 관한 일반이론』이 출판되고 대단히 빠른 속도로 북미에 전파되었다. 미국 내 거점은 하버드대학교 경제학과의 앨빈 핸슨(Alvin Hansen) 교수였다. 케인즈의 경제이론은 핸슨 교수의 재정정책세미나(Fiscal Policy Seminar)를 거쳐 백악관에 입성한다. 어떤 측면에서 보자면 단순한 대중주의적 혼합물에 불과했던 뉴딜이 케인즈의 경제이론과 접목되면서 자세한 정보에 의거하여 거시경제정책을 추구하는 혼합경제로 완성되었다. 이제 국가는 보이지 않는 손에 모든 것을 맡겨놓은 채 공산주의와 이념경쟁이나 하고 있는 무기력한 존재가 더 이상 아니었다.

과학적 관리

대부분의 미국 비즈니스맨들은 노동시간을 10시간에서 8시간으로 단축하고 임금을 100% 인상한다면 사업이 파산하게 될 것이라고 생각했다. 대부분의 노동자들은 열심히 일해서 생산성이 향상되면 일자리를 잃게 될 것이라고 생각했다. 그러나 테일러(Frederick Taylor)는 그렇게 생각하지 않았다. 역사적으로 보았을 때, 노동자들의 생산능력 향상이나 기계에 의한 생산증대는 비용을 절감하고 일자리를 늘려놓았다. 따라서 고용주와 노동자 모두가 최대의 번영을 누리는 과학적 관리(scientific management)가 당장 가능하다.

신발을 예로 들어보면, 손으로 직접 하던 작업을 기계가 대신하게 되면서 인건비가 절감되고 생산량이 늘어난다. 대량생산으로 말미암아 신발 가격은 획기적으로 낮아진다. 싼값에 내다팔게 되자 소비자들이 신발을 더 많이 구매한다. 실제로 5년에 한 켤레 정도 신발을 사놓고 평소에는 맨발로 다니다가 치장을 하거나 아주 불가피한 상황을 맞이했을 때만 신발을 신었던 노동자들이 항상 신발을 신고 다니게 되었다. 신발기계의 도입으로 노동자 1인당 신발 생산량이 엄청나게 늘었다. 그렇지만 신발수요는 더 많이 늘어나서 과거에 비해 더 많은 노동자들이 신발산업에 종사하게 된다.(Taylor, 2010: 26~28)

솔선과 격려의 경영이 아닌 과학적인 경영(과학적 관리)을 위해서 경영자는 다음과 같은 4가지 책임을 진다. 우선, 노동을 체계적으로 기록하고 분류하여 과학적으로 계획을 세워서 할당한다. 다음으로, 과학적 원칙에 입각하여 노동자를 선발하고 가르치고 훈련시킨다. 셋째, 진심으로 노동자들과 협력해서 일을 한다. 마지막으로 경영자 자신과 노동자의 업무와 책임을 균등하게 배분한다. 노동자에게 일을 다 하라고만 하는 것이 아니라 하루 종일 노동자들 곁에서 노동자들을 돕고 격려하고 장애를 함께 제거해야 한다.(Taylor, 2010: 92~100)

간단히 말하자면, 생산현장에서 경영자는 구상(conception)을 하고 노동자는 실행(execution)을 하는 구상과 실행의 분리가 과학적 관리다. 노동자들이 작업을 구상하고 실행하던 시절에 생산현장에서 자본가가 할 일이라고는 노동자의 솔선수범을 요청하고 격려하는 것 외에 아무것도 없었다. 그래서 솔선과 격려의 경영은 과학적 관리와 대비된다. 구상과 실행을 동시에 했던 노동자들에게서 구상기능을 박탈함으로써 경영을 담당하는 새로운 계급이 성장하기 시작했다. 이들은 뉴딜을 통해 새롭게 형성된 연방정부의 역할을 수행하는 행정관료와 대공황을 불러온 시장실패의 주범을 감시하기 위해 새롭게 만들어진 회계사 그리고 진보의 시대를 슬럼의 노동자들과 함께 보낸 중간계급 등과 함께 서비스계급을 형성했다.

구상기능을 빼앗긴 노동자들은 탈숙련화(deskilling)되었다.(Braverman, 1989) 노동자들이 탈숙련화되기 시작하면서 작업현장에서 작업경력과 진급 간에 별달리 관계가 없어졌다. 이전에는 오래 일한 사람이 숙련공이 되었으나 이제는 아무리 오래 일해도 별달리 숙련될 것이 없어졌기 때문에 탈숙련화된 것이다. 서비스계급은 이 공백을 학위(학력)와 자격증으로 메웠다. 학위가 작업장에서의 숙련을 대체하면서 기술이 아닌 학력으로 취업과 진급심사가 이루어지게 되었다. 자연스럽게 대학이 발달하고, 대학의 발달은 서비스계급의 구성원을 충원하는 선순환 구조가 자리 잡는다. 이처럼 서비스계급이 주도하는 새로운 관리구조가 도래하기 전까지 노동은 자본에 복속되지 않았었다. 과학적 관리와 함께 노동은 구상기능을 상실하고 탈숙련화 됨으로써 자본에 복속되었다. 노동의 약화를 주도한 것은 시장실패의 주범인 자본이 아니라 서비스계급이었다.(Lash & Urry, 1987: 163-178) 이리하여 미국에서는 일찍부터 노동이 탈조직화되었고, 그에 따라 사회적 영향력도 약화되었다.

정착지원관에서 교외도시로

1880년에서 1900년 사이 미국은 지역사회 중심의 전통적인 농촌사회에서 근대적이고 도시화된 산업사회로 급속하게 변화했다. 같은 기간에 도시인구는 1,400만 명에서 3,000만 명으로 2배 이상 증가했다. 인구 10만 명이 넘는 도시도 28개로 늘어났다. 동부와 북부의 산업도시에서 새로운 삶이 아직 자리를 잡기도 전에 남부를 중심으로 한 전통적인 가치와 생활방식은 이미 붕괴되기 시작했다. 북부 산업노동자는 자리를 잡지 못했지만 남부 노예들은 정들지 않은 남부를 떠났다. 이런 상황에서 시작된 20세기 초 진보의 시대에 미국 중간계급은 '요즘 젊은 것들'이 하는 짓을 가만히 보고만 있지 않았다. 사라져가는 전통사회의 향수를 그리워하면서 팔짱을 끼고 앉아 있지만도 않았다. 20세기 초반 미국 '진보의 시대'(the progressive era)에 중간계급 개혁가들은 청소년들에게 건설적인 새로운 길을 보여주기 위해 자신들이 갖고 있는 지적·재정적·조직적 역량을 캠핑·스포츠·놀이 등의 순수한 재미와 결합시켰다. 1901년부터 1910년 사이에 보이스카우트·걸스카우트·아동학대예방협회 등 대부분의 청소년 단체들을 조직함으로써 청소년을 계발하고자 했다.(Putnam, 2009: 633-664)

이 시기 중간계급이 주도한 사회운동 중에서 가장 획기적인 것은

'정착지원운동'(settlement house movement)이었다. 도심에 슬럼을 형성하고 살았던 가난한 노동자들과 그 자녀들의 시민권 행사에 필요한 지식과 영어를 가르친다. 정착지원운동을 주도했던 중간계급 구성원들은 도시의 빈민촌으로 들어가서 그곳에 정착지원관(settlement house)을 짓고 도시빈민들과 함께 생활하는 열정을 보임으로써 대단한 사회적 반향을 불러일으킨다. 1889년 시카고에서 시작한 이 운동은 1891년 6개의 정착지원관으로 늘어나고, 1897년에는 74개, 1910년에는 미국 전역에 약 400개로 증가한다. 정착지원 활동의 범위도 점차로 확대되어 보육시설·유치원·체육관·갤러리·커피숍 등 시설도 확충된다. 시카고에 있는 정착지원관 헐 하우스(Hull House)에서는 도시빈민 부모와 자녀들에게 다양한 여가활동 기회뿐만 아니라 교육의 기회도 제공했다. 국가와 지방자치정부가 담당했어야 할 사회복지와 공교육이 담당하지 못했던 사회교육을 대신한 것이다. 헐 하우스의 교육 프로그램에 따라 클라리넷을 받아서 무상으로 교육받았던 베니 굿맨(Benny Goodman)은 빅밴드 스윙의 시대를 개척함으로써 미국 대중음악의 한 획을 긋는다.

이주자와 정착민, 흑인과 백인을 융합시키고 교육시키고자 했던 진보의 시대 중간계급의 열정은 '유치원운동'(kindergarten movement)에서 활짝 꽃을 피운다. 1870년대에 시작된 유치원운동은 빠르게 확산되어 1908년에는 400개 이상으로 늘어난다. 유치원운동을 통해서 미국의 중간계급은 한편으로 이주노동자들의 자녀양육을 지원하고, 다른 한편으로 그 자녀 아동들에게 창의적이고 건전한 교육환경을 제공한다. 유치원을 설립하여 운동을 주도하는 단체의 종류도 여성클럽·금주운동단체·교회 등으로 확대된다.

또한 놀이터운동(playground movement)을 펼쳐서 방과 후 공장으로 일하러 간 부모가 집으로 돌아오기 전 어린이와 청소년들이 검은 유혹에 빠져들지 않도록 한다. 슬럼가의 어린이와 청소년에게 여가기회를 제공하고, 도시민들에게 여가시설과 공간을 건설해 주기 위한 일종의 여가운동이 일어난 것이다. 미국의 중간계급 사회운동가들은 노동자들이 살고 있는 지역에 목초지나 황무지에 놀이터를 만드는 것으로 이 운동을 시작한다. 최초는 1885년 보스톤의 '모래정원'(Sand Garden)이었다. 놀이터의 바닥을 모래로 시공하게 된 기원이 바로 놀이터운동이다. 1900년에는 미국 내 14개 도시로 확대되었고, 1906년에는 미국놀이터협회를 조직한다.(Kraus, 1978: 166-171) 1930년대 대공황기에는 여가시설의 확충과 레크리에이션의 공급을 국가의 책무로 받아들이게 된 것은 바로 이 놀이터운동에서 비롯된 것이다.

결국 그 열매를 향유한 것은 사회운동의 수혜자가 아니라 제공자였다. 도시의 슬럼으로 들어가서 정착지원운동·유치원운동·놀이터운동 등을 주도한 미국 중간계급 사회개혁가들이 더 큰 혜택을 보았다는 말이다. 이 운동을 주도한 사람들의 면면을 보면 쉽게 알 수 있는데, 켈리(Florence Kelly)는 훗날 전미소비자연맹 회장이 되었고, 엘레노어(Eleanor Roosevelt)는 영부인[4]으로서 어린이·여성·노동자·빈민 등을 위한 사회개혁 노력을 계속했으며, 스워프(Gerard Swop)와 기포드(Walter Sherman Gifford)는 각각 가전회사 제너럴 일렉트릭(GE)과 통신회사 에이티엔티(AT&T)의 수장이 된다.

---

4) 뉴딜을 통하여 미국 경제에서 국가를 주요한 행위자로 만든 루즈벨트(Franklin D. Roosevelt) 대통령의 부인이다.

1934년 켄터키대학교에서 영부인 엘레노어와 걸스카우트 대원들이 함께 찍은 사진이다.
엘레노어 루즈벨트는 2012년으로 100주년을 맞은 미국 걸스카우트의 명예회장이었다.

　　노동자들의 생활세계로 직접 들어가서 민간주도의 사회운동을
펼쳤던 중간계급은 자신들의 주거공간도 만들기 시작한다. 대공황
이 한창이던 1930년대에 접어들면서 폐허화된 도시를 결국 뒤로 하
고 교외로 이주한다. 교외도시화(suburbanization)가 시작된 것이다. 유
사한 문화적 취향을 가진 중간계급 백인들이 동일한 주거지역에 모
여 살면서 자신들만의 독특한 문화를 형성한다. 다른 한편 사춘기
를 맞은 자녀들은 하위문화를 형성하면서 자신의 부모에게 반항한
다. 1950년대 혜성과 같이 등장한 엘비스 프레슬리와 그의 음악 락
엔롤은 교외에 살고 있는 중간계급 부모들에게 대단한 위협이었다.
노동자·도시빈민 그리고 그 자녀들에게 들어가서 그들과 함께 했
던 미국의 중간계급 부모들은 그들이 버리고 떠나 온 흑인들과 그
들의 자녀들이 어울릴지도 모른다는 의혹을 가지고 있었기 때문에
락엔롤을 경계했다.
　　1960년대에 들어서면서 청년문화와 일탈문화 간의 구분이 명확

해지면서 10대 여가에 대한 우려도 불식된다. 이는 중간계급 10대와 노동계급 10대가 서로 다른 문화세계에서 살고 있다는 것을 발견한 것만으로도 충분했다. 그러나 청년여가의 위협은 계속된다. 1950년대 말 비트세대의 문화취향에서, 1960년대 중반 문화저항에서, 그 이후로 페미니스트와 문화좌파의 문화저항에서 계속 나타난다. 이 모든 문화의 토대는 동일했는데, 중간계급에 뿌리를 둔 교외 여가문화에 대한 거부였다.(Cross, 1990: 210-216)

파업현장에서 극장으로

남부의 농장에 묶여 있던 노예들이 해방되면서 북부와 동부로의 대이동이 일어난다. 유럽에서 이주해 들어오는 신규 노동인력 역시 일자리가 줄어들기 시작한 남부로 가지 않고 동부와 북부의 산업도시로 몰려든다. 이들의 이동은 미국 전역에 공간변화를 초래한다. 남부가 쇠퇴하기 시작했고, 동부와 북부는 성장했다. 남북전쟁 최대의 수혜도시는 시카고와 뉴욕이었다.

흑인노예는 산업노동자로 그 지위가 바뀌고, 끊임없이 쏟아져 들어오는 백인 이민자들과 공장에서 같이 일한다. 강제노역에서 자유계약노동으로 노동의 성격이 변화하면서 노동자의 행동도 변한다. 강제로 일하는 것이 아니라 노동계약에 따라 일한다. 더 유리한 조건에서 일하기 위해서, 즉 더 많은 돈을 벌기 위해서, 더 적게 일하기 위해서 파업을 비롯한 집단행동에 동참한다. 파업의 핵심 이슈는 노동시간 단축이었다. 19세기 말부터 20세기 초까지 미국경제가 전대미문의 호황을 누리면서 임금은 지속적으로 상승했고 노동시간 역시 전반적으로 하락했다. 그러나 그 과정은 순조롭지 않았다.

제1차 세계대전이 끝나기 전까지 대부분의 미국 노동자들은 하루 10시간 동안 일했다. 오전노동을 마치고 점심식사를 한 후 오후 노동을 했으며, 아침식사 전 6시부터 8시까지 2시간동안 새벽노동을 해야만 했다.(Cross, 1990: 82~84) 그야말로 일하지 않으면 먹을 수도 없었던 것이 하루 10시간 노동이었고, 그래서 하루 8시간 노동과 10시간 노동 사이에는 단순히 2시간의 차이 그 이상이었다. 따라서 노동자들은 8시간 노동에 집착할 수밖에 없었다.

가장 많이 보도된 하퍼위클리(Harper's Weekly)의 헤이마켓 참사 일러스트레이션(왼쪽) 헤이마켓 순교자 기념비(오른쪽)

8시간에 대한 집착이 폭발한 것은 1886년 5월 3일 시카고에 있는 맥코믹농기계회사(McCormick Reaper Works)다. 8시간 노동을 주장하는 파업노동자와 대체노동자 간에 충돌이 발생한다. 경찰은 파업노동자들에게 보복을 감행한다. 이 과정에서 2명의 파업노동자들이 사망한다. 사고 소식을 접한 시카고의 노동자들은 다음 날인 5월 4일 헤이마켓 광장(Haymarket Square)에서 맥코믹농기계회사 파업노동자들을 지지하는 대규모 집회를 연다. 평화적인 시위를 경찰이 해산시키려고 하자, 누군가가 경찰을 향해 폭발물을 투척한다. 헤이마켓 광장은 순식간에 아수라장으로 변한다. 경찰관 7명이 숨지고 60명이 부상한다. 노동자들도 그에 버금가는 피해를 입은 것으로 전해진다. 헤이마켓 참사(Haymarket Massacre)다.

경찰은 즉시 수사에 착수하고 모두 8명의 무정부주의자를 살인교사 및 폭력선동 혐의로 구속한다. 불행은 여기서 멈추지 않았다.

그 이듬해인 1887년 11월 10일 이들 중 한 명이 교도소에서 목을 매 자살한다. 경찰은 그 다음날인 11월 11일 서둘러 4명의 교수형을 집행한다. 소위 헤이마켓 순교자들(Haymarket Martyrs)이다.

헤이마켓 순교자들 상단에서 하단, 왼쪽에서 오른쪽으로 오거스트 스파이스, 알버트 파슨스, 루이스 링, 조지 엥겔, 아돌프 피셔

이에 미국노동자연맹(AFL, American Federation of Labor)은 1888년 8시간 노동 캠페인을 결의하고, 1890년 5월 1일을 디데이로 잡는다. 총파업 한 해 전인 1889년 미국노동자연맹 사무엘 곰퍼(Samuel Gomper) 회장은 파리에서 개최된 제2차 국제인터내셔널총회(the Congress of the Second International)에 편지를 보내서 8시간 노동 쟁취를 위한 국제연대를 제안한다. 제2차 국제인터내셔널은 곰퍼의 제안을 수용하고 전 세계 노동자들이 8시간 노동을 요구할 수 있도록 파업하는 날을 5월 1일로 지정한다.

1890년 이래로 하루 8시간 노동을 위해 파업하는 날인 5월 1일을 국제 노동자의 날(Mayday)로 준수하고 있다. 노동하기 위해 노동하지 않는 날이 노동자의 날인 셈이다. 이로써 19세기 말을 뜨겁게 달구었던 8시간 노동운동은 20세기에 이르러 그 결실을 맺는다. 이후 노동자들은 빠른 속도로 조직되기 시작한다. 노동기사단을 계승한 미국노동자연맹에 이어서, 광산노동자(1890년), 전기노동자(1891), 어업종사자(1892), 의류노동자(1900), 트럭노동자(1903) 등 직종별·산업별로 조직화된다. 1897년부터 1904년까지 7년 동안 전국노동조합에 가입한 조합원은 3.5%에서 12%로 거의 4배 가까이 증가한다. 대공황을 극복한 1939년에는 900만 명으로 증가한다. 제2차 세계대전에서 승전한 1945년에는 무려 1,500만 명으로 증가한다.

그러나 노동은 산업기구총회(CIO, the Congress of Industrial Organization) 산하 산업위원회(industrial councils)의 경제적 의사결정권자에서 배제되었으며, 군수물자생산위원회(the War Production Board)에서도 의사결정권을 얻지 못한다. 그럼에도 불구하고 명목임금뿐만 아니라 실질임금도 상승하면서 경제적 보상을 받았던 노동은 별달리 이의를 제기하지 않았다. 포드가 선언했던 것처럼 일부는 포드자동차도 살 수 있다. 하지만 노동자들이 받은 경제적인 보상 역시 노동자의 노력의 결과라는 측면보다는 정부의 정책(조직자본주의)과 자본의 경영(과학적 관리)에 의한 것이라는 측면이 더 강했다. 즉, 시장의 실패로 새로운 역할을 장악할 수 있었던 국가의 노동정책에 따라 부여받은 것이었다. 자본가에게 노동과정에 대한 통제권을 내주고 '과학적 관리'를 받는 대가였다. 새롭게 부상한 중간계급 진보주의자들의 '사회개혁' 프로그램의 일환이었다.

요컨대 미국 자유자본주의를 위기로 몰아넣은 것은 자본가였다. 미국 자본주의를 자유자본주의에서 조직자본주의로 전환시킨 것은 국가와 중간계급이었다. 이러한 상황 때문에 미국 자본주의는 일찍부터 조직화되었으며, 자본가계급과 중간계급은 강력하게 활성화되었지만, 노동자들의 노동운동은 거의 전무했다.(Lash & Urry, 1987: 79-82) 위로부터의 자본주의화를 통하여 전 세계에서 가장 먼저 조직자본주의로 이행했던 것이다. 아래로부터의 자본주의화가 미약했기 때문에 미국 자본주의는 별다른 걸림돌 없이 일찍부터 조직화되었으며, 또다시 손쉽고 발 빠르게 탈조직자본주의로 전환되었다.

미국에서 거의 모든 노동자들이 8시간 노동을 하게 된 것은 1938년부터다. 노동의 조직적인 노력과 정부의 역할이 공정노동기준법(the Fair Labor Standards Act)으로 귀결되었기 때문이다. 어둡고 추운 공장에서 새벽노동이 없어지면서 노동자들은 저녁시간을 활용할 수 있게 되었으며, 가족여가로부터 소외되었던 노동자들이 가족과 함께 할 수 있게 되었다. 그럼에도 불구하고 막상 8시간 노동을 쟁취하고 저녁이 있는 삶을 살 수 있게 되었을 때 노동자들이 달려간 곳은 집이 아니라 극장이었다.

제2장

미국 엔터테인먼트 탄생

- 조직자본주의 재밌는 엔터테인먼트를 만들다! -

19세기까지만 하더라도 여가는 비즈니스가 아니었다. 그러나 산업경제는 여가를 비즈니스로 만들었다. 여가를 상업화함으로써 단순한 놀이에 불과하던 것을 엔터테인먼트 산업으로 발전시킨 것이다. 최초로 상업적인 여가를 즐긴 계층은 지주였다. 남부의 농장주들은 여행·도시유흥·유행취향 등과 같은 근대적 여가를 창조한다. 이러한 여가욕구는 숙련노동자들과 상업노동자들에게도 전파(trickle down)된다. 사람들의 지위는 어떤 일을 하는지에 의해서 뿐만 아니라 어떻게 즐기고 노는지에 의해서도 규정되기 시작했기 때문이다. 1860년대의 대중적인 오락은 찻집이었다. 절제운동가들이 처음으로 찻집을 연 이후로 점차 상업적인 체인으로 발전했으며, 1850~1900년 사이에 노동자계급에게 폭넓게 확산되면서 차와 설탕 소비량은 3배로 증가한다. 이후로 신문·소설·철도여행·나들이·흡연·대중관광 등으로 점차 다양화된다.(Cross, 1990: 128~139)

이 중에서도 단연 돋보이는 것은 영화다. 1905년 피츠버그에 최초로 세워진 영화전용관 '5센트극장'(Nickleodeon)은 5분에서 10분 정도 영상을 보여주는 것에 불과했지만 2년 만에 10,000개로 늘어난다. 1907년에는 유니폼을 입은 직원의 안내와 오케스트라의 반주가 곁들여진 '영화궁전'(the picture palace)도 등장한다. 1910년에 이르러서 5센트극장을 거의 대체한다. 1927년 정점에 이른 미국 영화산업은 전 국민의 사랑을 받는 대중적인 엔터테인먼트로 자리를 잡는다. 이처럼 강력하고 빠른 속도로 형성된 대중영화는 대공황마저도 그 기세를 꺾지 못했다. 1930년대에 마침내 전 세계로 뻗어나가기에 이른다. 미국인이 가장 즐겼던 최초의 엔터테인먼트 산업인 영화는 1930년대에 이르러서 제일 먼저 국제화한 것이다.

영화만큼은 아니라고 할지라도 대중음악의 형성 역시 미국인을 사로잡기에 충분했다. 남부 뉴올리언즈 홍등가에서 출발한 재즈는 북부 시카고·뉴욕 등 산업도시로 이동하면서 대중음악으로 성장한다. 지방의 전통적인 여흥음악에서 근대적 대중음악으로 성장하면서 엔터테인먼트 산업을 형성한 것이다. 영화가 미국보다 앞섰던 유럽의 영화인들을 끌어들이면서 글로벌 비즈니스로 성장한 것처럼 대중음악은 유럽과 아프리카, 남부와 북부, 흑인과 백인, 남성과 여성의 장벽을 허물고 1930년대에 이르러 모든 미국인이 즐기는 엔터테인먼트로 자리를 잡는다.

근대적 엔터테인먼트로서 대중음악의 형성에 있어서 결정적인 계기를 형성한 것은 라디오의 등장이다. 지방 방송국으로부터 시작된 라디오가 CBS·ABC 등 전국망을 구축하면서 라이브공연이라는 공간적 한계를 극복하고 미국인 모두가 즐기는 엔터테인먼트로 자리를 잡은 것이다. 라디오의 전국방송망은 실시간으로 모든 미국인이 동시에 빅밴드 스윙을 즐기고 정치적·사회적·경제적 관심사를 공유함으로써 미국인으로서의 국민정체성을 형성한다. 흑인과 백인으로 구분되어 있는 인종정체성을 넘어 미국인이라는 공통점에 주목하기 시작한다. 또한 아메리카원주민·아프리카사람·유럽사람 등 그 구성원에 따라 주거공간이 서로 다른 미국으로 분리되어 있었으나 다국적 연방공화국, 미국으로 통일된 것이다.

영화와 엔터테인먼트의 세계화

영화기술사가(映畫技術史家) 앙드레 바쟁(Andre Bazin)은 영화를 일컬어서 "정지된 영상에서 움직임·음향·색채 등으로 이어진 혁신을 통하여 박진감을 추구하며 보다 진보된 단계로 나아가서 마침내 그 자체의 영상으로 세계를 재창조하고 진화한 것"이라고 말한다. 기술혁신을 통하여 달성된 영화의 진화경로는 1895년 프랑스의 뤼미에르 형제가 처음 시도한 상업영화 영사(projection)를 시작으로 1927년 최초의 유성(Talkie) 영화 〈재즈싱어〉(Jazz Singer), 1935년 최초의 삼색 칼라(Technicolor) 영화 〈허영의 시장〉(Becky Sharp), 1953년 최초의 시네마스코프(Cinemascope) 영화 〈성의〉(The Robe), 1977년 최초로 돌비(Dolby) 입체음향을 사용한 영화 〈스타워즈〉(Star Wars), 1996년 처음부터 끝까지 컴퓨터 동영상으로 제작한 최초의 영화 〈토이스토리〉(Toy Story) 등으로 이어진다.(Petrie, 2004: 279-281) 지난 100여 년의 영화사에서 6개의 큰 획을 그은 영화의 혁신 중에서 첫 번째인 영사를 제외하고는 모두 미국에서 일어난 것이다. 이는 2가지 의미를 갖는다. 하나는 유럽에서 영화가 시작되었다는 점이고, 다른 하나는 미국에서 영화가 발전했다는 점이다. 즉, 영화는 유럽에서 시작했지만 세계영화 주도권을 장악한 것은 미국이다.

미국 최초의 유성영화 <재즈싱어>를 보기 위해 워너극장(Warners' Theatre) 앞에 사람들이 인산인해를 이루고 있다.

　미국이 세계영화의 주도권을 유럽에서 뺏어오게 된 데에는 여러 가지 요인이 작동하고 있다. 먼저 제1차 세계대전으로 말미암아 유럽의 영화선진국들이 더 이상 영화를 제작할 수 없었다. 반면에 미국은 전쟁특수로 인한 경제적 호황을 누리면서 실질임금이 급속도로 상승한다. 유럽에서는 영화시장이 붕괴되다시피 했고, 미국에서는 영화시장이 급속도로 성장했다. 1905년 미국 역사상 최초로 피츠버그에서 입장료를 받고 영화만 보여주는 '5센트극장'(Nickelodeon)이 문을 열었을 때는 그저 사람들의 호기심을 자극하는 싸구려 오락 정도로 생각했었다. 그러나 불과 2년 뒤인 1907년 미국 전역에 무려 10,000개의 5센트극장이 생겨나면서 영화를 바라보는 일반의 시각은 획기적으로 변하기 시작한다. 무성영화는 약점이라기보다 오히려 강점이다. 가난한 외국인 노동자들에게 5센트의 입장료는 적절한 가격이었고, 대사가 없었기 때문에 남녀노소 누구나 쉽게 이해할 수 있었다.(Cross, 1999: 132-133)
　이러한 상업적인 성공은 대공황의 와중에도 계속된다. 매년 500

편의 영화를 각각 200벌씩 리프린트해서 전국의 극장에서 상영하였으며, 인구가 1억 2,300만 명에 불과하던 때에 매주 1억 1,000만 명의 미국인들이 영화를 보기 위해 극장을 찾는다. 1926년부터 1931년 1월까지 불과 5년 만에 영화관람객과 영화산업에 투자된 자본금 등이 모두 2배로 증가한다. 전국 22,731개의 극장에서 영화를 상영하기 위해서 영화산업에 종사하는 사람만도 325,000명이나 되었으며, 매년 20억 불의 자본금이 투자되었고, 입장료 수입만도 15억 불에 이른다.(Steiner, 1933: 940-941)

결과적으로 영화는 자본주의 역사상 최초로 엔터테인먼트 산업으로 자리를 잡는다. 최초의 극장 이름 자체가 입장료에서 비롯된 것에서 알 수 있듯이 엔터테인먼트 산업으로서 영화는 전통사회의 놀이와 달리 철저하게 상업적이었다. 돈을 받고 난 후에야 여가를 제공한다. 당시 주 고객이었던 외국인 노동자들의 삶은 궁핍할 대로 궁핍해져 있었지만 영화의 매력은 노동자의 주머니를 열었다. 그러나 극장을 나설 때 관람객의 손에는 아무것도 쥐어져 있지 않았다.

<표 3-1> 1931년 미국 민간부문 엔터테인먼트 지출

(단위: 1 불)

관광	국내여행	자동차여행	3,200,000,000
		기차여행	750,000,000
		비행기 및 배 여행	25,000,000
	해외여행	카나다	266,283,000
		멕시코	55,642,000
		기타 외국	391,470,000
		섬	1,326,000
		비미국인 해외여행객	76,000,000
	여가용 자동차 및 요트	자동차	1,246,000,000
		요트	460,000,000
		오토바이	10,796,000
		자전거	9,634,000
		소계	6,492,151,000

상업적 오락	영화	1,500,000,000
	그 외 입장료	166,000,000
	카바레 및 나이트클럽	23,725,000
	라디오	525,000,000
	소계	2,214,725,000
사교	소셜클럽 및 스포츠클럽	125,000,000
	오찬클럽	7,500,000
	숙박	175,000,000
	청년서비스 및 유사 기구	75,000,000
	소계	382,500,000
게임·스포츠·아웃도어 등	장난감·게임·놀이터 장비	113,800,000
	수영·당구·볼링 장비	12,000,000
	카드놀이	20,000,000
	스포츠 용품	500,000,000
	사냥 및 낚시 면허	12,000,000
	대학축구	21,500,000
	리조트호텔	75,000,000
	캠핑	47,000,000
	불꽃놀이	6,771,000
	사진	75,000,000
	소계	883,071000
민간부문 엔터테인먼트 연간지출 총계		9,972,447,000

출처: Steiner, 1933: 949

다음으로 유럽의 영화감독들을 미국으로 끌어들여서 앞선 영화
제작기술을 모두 흡수하고 장르영화를 생산하기 시작한 것이 미국
영화의 세계지배를 가능하게 했다. 독일의 표현주의 영화, 프랑스의
인상주의 영화, 소비에트의 몽따쥬 영화 등 유럽의 선진 영화흐름들
이 할리우드에서 용해되었다. 독일에서 건너 온 에른스트 루비치 감
독의 코미디영화, 요제프 폰 슈테른버그의 갱스터영화, 스웨덴 출신
벤자민 크리스텐슨의 서커스영화 등 영화장르뿐만 아니라 독일 표
현주의의 대표 감독 무르나우의 무르나우식 수직쇼트와 헝가리 출
신 모리스 투르네르 감독의 투르네르식 터치의 시각적 스타일 등
은 할리우드 영화제작 자체의 실험적-상업적 정신을 한층 높여주었

다.(강현두 외, 1999: 162~165)

그럼에도 불구하고 미국영화가 자국시장을 넘어 전 세계로 뻗어
나갈 수 있었던 결정적인 이유는 영화시장을 형성하고 그 시장에서
경쟁이 활성화되도록 환경을 조성한 것이다. 1905년 5센트극장의
성공과 함께 영화시장의 가능성을 확인한 영화 기자재생산업체와
배급사들이 1908년에 '영화특허권회사'(Motion Picture Patents Company)
그리고 1910년에 '제너럴영화사'(General Film Company)를 각각 설립
하고 시장을 독점한다. 영화 기자재생산업체의 카르텔로 구성된 영
화특허권회사가 더 많은 수익을 내기 위해서 자체 방침까지 위반해
가면서 배급시장에까지 뛰어들자 독립제작자들은 극렬하게 저항한
다. 이를 일컬어서 제1차 독과점이라고 한다. 일부 제작자들은 특
허권 위반에 따른 법적 책임을 피하기 위해 동부의 뉴욕에서 서부
의 할리우드로 영화제작 장소를 옮긴다. 유사시에 멕시코로 피신
하기 위해서다.(Cross, 1990: 180-182) 제1차 독과점 때문에 미국영화산
업의 메카 할리우드가 탄생한 셈이다. 당시에는 브로드웨이에서 활
동하고 있는 연극배우들이 낮에는 영화를 찍고 밤에는 브로드웨이
에 있는 극장에서 공연을 했다. 자금 압박을 받는 독립제작자들로
서는 최적의 제작환경이 아닐 수 없다. 그렇지만 뉴욕을 떠날 수밖
에 없었다. 이에 윌슨(Thomas Woodrow Wilson) 대통령은 1914년 반독
점(antitrust)[1] 제소를 결행한다. 윌슨 대통령의 반독점 제소는 승소했

---

1) 담합을 통한 시장독점은 생산량을 감소시키고, 가격을 인상함으로써 소비자에게 불이익
을 안겨주고, 경제의 효율성을 떨어뜨린다. 이러한 이유로 1890년 독점을 불법화한 셔먼
법(Sherman Act)이 제정되었다. 그러나 셔먼법은 합병을 통한 시장지배력 증대가 적법한
것인지에 대해서 모호하게 규정했고 대법원의 판결도 셔먼법을 협소하게 해석했다. 이와
같은 셔먼법의 허점을 보완하기 위해 1914년 클레이턴법(Clayton Act)과 연방거래위원회
법(Federal Trade Commission Act)을 제정했다. 이로써 '합병의 결과로 경쟁을 현저하게 약
화시키거나 독점기업을 만드는 것'을 불법화하였으며, 반독점법을 집행하는 기구를 창설
했다(Hubbard & O'Brien, 2007: 495-500). 이 법에 의거하여 윌슨 대통령은 독과점 제소를
결행하였으며, 급기야 미국 영화시장의 제1차 독과점은 해체되었다.

고, 마침내 제1차 독과점은 와해된다.

1915년부터 영화특허권회사와 제너럴영화사가 해체되면서 후에 파라마운트영화사로 발전한 '페이머스 플레이어영화사'(the Famous Players Film Company)가 극적으로 부상한다. 페이머스 플레이어영화사는 다양한 차별화전략을 구사하면서 빠른 속도로 성장한다. 장편극영화(feature-length film) 위주의 제작, 영화배우를 자회사 소속 배우로 등록시키는 스타시스템 구축, 영화의 제작·배급·상영 등을 하나로 통합한 스튜디오시스템 구축, 미국 내 주요 대도시 개봉관 매입, 전 세계로 배급망 확대 등의 전략이 그것이다. 1918년에는 워너 브라더스(Warner Bros. Studios)[2]가 창립하고, 1927년 유성영화 〈재즈 싱어〉로 흥행에 성공하면서 일거에 영화계의 판도를 바꿔놓는다. 1924년에는 골드윈과 메트로가 합병하여 메트로-골드윈-메이어(MGM, Metro-Goldwyn-Mayer's Inc.)사를 창립한다.(강현두 외, 1999: 142~146) 1930년대에 들어서면서 파라마운트·로우스·폭스(20세기 폭스의 전신)·워너 브라더스·RKO 등 5대영화사가 주도하는 체제, 즉 스튜디오시스템을 구축하여 본격적으로 세계경영에 나선다. 스튜디오시스템은 영화제작이 아니라 극장소유권에 따라 영화사의 위상이 결정되는 시스템이다. 영화에 관한 모든 것을 수직통합(vertical integration)한 독과점체제다. 5대영화사(Big 5)는 주로 개봉관을 장악한다. 작은 3대영화사(Little 3)는 재개봉관을 장악한다. 빈민촌영화사(Poverty Row)는 변두리 극장용 저예산영화 외에 달리 만들 수 있는 것이 없었다.(Gomery, 2004: 287~288) 이리하여 미국영화는 제2차 독점기에 접어든다.

영화를 제작·배급·상영하는 일괄공정체제였던 스튜디오 시스템

---

2) 1923년 Warner Bros. Pictures Inc.로 사명을 바꿨다. 현재의 이름은 Warner Bros. Entertainment Inc.다.

은 컨베이어벨트를 도입하여 과학적으로 관리하는 제조업 공장에서의 노동과정처럼 대단히 효율적으로 영화를 만드는 체제다. 그러나 시장을 독점한다는 것이 문제였다. 당장은 많은 수익을 올릴 수 있지만 장기적으로는 결국 경쟁력을 상실하여 관객으로부터 외면당할 수밖에 없는 공멸의 시장 메카니즘이다. 이에 연방정부는 1948년 소위 파라마운트 소송에서 승소하면서 5대영화사들이 독점했던 개봉관을 매각하도록 한다. 미국영화 역사상 두 번째 반독점(antitrust) 제소와 승소다. 스튜디오 시스템에 의한 5대영화사 영화시장 독점구조는 점차로 붕괴된다. 독점구조에서 해방된 독립영화사들은 스튜디오 시스템으로 생산된 판에 박힌 영화에서는 볼 수 없는 신선한 내용의 영화를 제작함으로써 차별화한다. 미국영화는 다시금 경쟁력을 회복한다.

요컨대 미국 영화산업이 유럽의 주도권을 쟁탈할 수 있었던 결정적인 이유는 미국 정부가 두 차례에 걸친 반독점 제소를 결행함으로써 자국 내 영화산업의 독점구조를 붕괴시킨 것이다. 영화산업의 독점구조 붕괴는 곧바로 치열한 경쟁으로 이어졌다. 미국영화는 사활을 건 경쟁을 거치면서 더욱 강해졌다. 경쟁력을 확보한 미국영화는 자국시장을 넘어 영국·브라질·오스트레일리아·아르헨티나 등지에서 극장을 매입하여 직접 배급하기 시작한다. 당시에는 영화시장에 대한 국가규제가 별달리 없었기 때문에 쉽게 해외시장에 진출할 수 있었다. 그러나 미국영화가 해외시장에서 성공할 수 있었던 것은 해외영화시장에 대한 개별 국가규제가 없었다는 것이 아니다. 미국영화는 자국시장에서 사활을 건 경쟁에서 살아남았다. 그래서 강했다. 아무런 경쟁도 치르지 않았던 허약한 외국영화는 미국영화와 경쟁 자체가 되지 않았다. 강한 미국영화는 해외영화시장에 진출할 때마다 시장을 석권한다. 이리하여 미국영화는 자국 내에서 엔터테인먼트 산업으로 자리 잡은 1920년대에 이어서 1930년대에 벌써 세계시장을 잠식하기 시작한다. 실제로 1930년대 미국영화사들은 해외에서 전체수입의 30%내지 50%를 벌어들였다. 미국 상무부는 1939년 전 세계에서 상영된 영화의 65%를 미국에서 공급한 것으로 추산하고 있다.(Miller, 2004: 426-428)

재즈와 대중음악의 탄생

남북전쟁에서 북군이 승리하면서 노예는 해방되었지만 대다수의 흑인들은 여전히 남부 델타지역, 즉 면화를 생산하는 농장지역에 머물렀다. 미국 경제의 중심이 서서히 남부에서 북부로 이동하고 있었지만 남부 델타지역은 여전히 미국 경제의 중심이었다. 델타지역에 가장 번화한 도시였던 뉴올리언즈(New Orleans)에는 유럽에서 이주해 온 백인 농장주와 아프리카에서 팔려 온 흑인노예 사이에서 태어난 크레올(Creole)들이 상당한 수준의 경제적 여유와 여가를 향유하고 있었다. 이들은 유럽의 고전음악과 아프리카의 민속음악을 결합한 피아노곡을 자주 연주했다. 이것이 바로 최초의 재즈, 즉 딕시랜드 재즈(Dixieland Jazz) 또는 뉴올리언즈 재즈(New Orleans Jazz)다. 딕시랜드 재즈의 이러한 음악적 기원 때문에 클라리넷·트럼본·트럼펫 등 3중 협주곡의 집단 즉흥연주(collective improvisation)와 싱코페이션(syncopation) 등의 특징을 띄게 되었다.(강현두 외, 1998: 192~198) 델타지역을 통칭하여 부르는 딕시랜드라는 새로운 맥락 하에서 고전음악과 민속음악이 서로 융합하고 유럽인과 아프리카인이 서로 어울리면서 크레올화(Creolization)가 일어났다. 이처럼 모든 것이 융합되는 용광로에서 이제까지 존재하지 않았던 새로운 음악이 탄생한다.

그러나 딕시랜드 재즈는 아직 대중음악이라고 부를 수 없었다. 대중이 향유할 수 있는 곳에서 일반 대중을 위해 연주한 음악이 아니었기 때문이다. 남부의 공창지대 스토리빌(Storyville)에서 연주하는 '창녀 집 음악'으로는 대중성을 확보할 수 없었다. 결정적인 전기는 제1차 세계대전 참전에서 비롯되었다. 1917년 미국이 뒤늦게 참전하면서 많은 숫자의 미군이 유럽의 전장으로 출발한다. 그 출정지가 뉴올리언즈의 군항이었다. 죽음을 각오하고 유럽으로 향하는 결의에 찬 병사의 눈앞에 늘어선 홍등가가 좋았을 리 만무하다. 이윽고 해군제독의 명령에 따라 그해 11월 뉴올리언즈의 스토리빌은 역사의 막을 내린다. 뉴올리언즈 스토리빌에 뿌리를 내리고 있었던 흑인 연주자들도 스토리빌의 폐쇄와 함께 삶의 자리를 잃고 북부로 이동한다. 최종 정착지는 산업도시 시카고의 블랙벨트와 뉴욕의 할렘이었다.(油井正一, 1995: 25~51)

남부의 전통적인 가치에 묶여있었던 딕시랜드 재즈가 개인적인 능력에 따라서 계층 상승이동이 가능했던 북부의 근대적 가치와 접목하면서 연주 스타일과 연주자의 구성도 달라진다. 노예는 영원히 노예일 수밖에 없었던 사회적 맥락을 벗어나서 개인적인 노력으로 얼마든지 상승이동을 할 수 있었던 근대산업사회와 접목되었기 때문에 재즈는 더 이상 스토리빌의 집단 즉흥연주에 머물지 않았다. 또한 대공황이라는 특수한 경제적 상황을 극복하기 위해 연방불간섭 원칙을 폐기하고 개발드라이브를 걸고 있는 강력한 연방정부의 탄생을 목도하면서 모든 미국인의 열망을 대변할 수 있는 음악으로 바뀌어갔다. 이리하여 최초의 대중음악 스윙은 국가를 중심으로 한 국민화합의 유쾌한 빅밴드 재즈로 탄생한다.(강현두 외, 1998: 210~219)

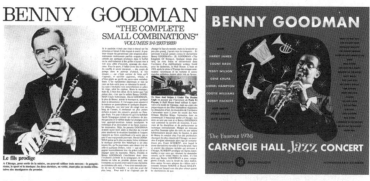

베니 굿맨의 음반을 소개하고 있는 Jazz Tribune 22호(왼쪽)와 1938년 카네기 홀 실황음반 자켓(오른쪽)

　　일사불란한 빅밴드 스윙 재즈를 보여줌으로써 비로소 재즈는 더
이상 여흥을 북돋우는 크레올의 음악이 아닌 미국인 모두를 위한
대중음악으로 변신한다. 북부라는 새로운 환경 그리고 대공황을 극
복하고자 하는 연방정부의 노력 등 새로운 환경에서 탄생한 빅밴드
스윙과 함께 한 것은 흑인 남성만이 아니다. 스윙의 제왕(The King of
Swing)이라 일컬었던 베니 굿맨(Benny Goodman)과 그의 라이벌 아티
쇼(Artie Shaw) 등 백인 연주자들이 빅밴드 연주자로 등장한다. 보컬
에 능했던 빌리 홀리데이(Billy Holiday), 엘라 피츠제랄드(Ella Fitzerald)
등 흑인 여성들도 무대에 오른다. 라디오 방송국의 개국과 방송망
확충을 계기로 연주장소도 방송국·호텔·고급사교장 등으로 확대
되면서 상업적인 빅밴드들이 속속 등장한다. 아직 방송국에서는 흑
인연주자들의 생방송 출연을 꺼렸기 때문에 많은 백인 연주자들이
빅밴드 스윙에 참여할 수 있었으며, 연주장소가 호텔과 고급사교장
으로 확대된 것 역시 이들의 참여를 용이하게 한다. 1938년 마침내
스윙의 제왕이 이끄는 최초의 대중음악 빅밴드 스윙은 고전음악의
전당 카네기 홀(Carnegie Hall)에서 그 유명한 재즈 콘서트 '흑인영가
에서 스윙으로'(Spiritual to Swing)로 화룡점정한다.(Fordham, 1993: 24~27)
딕시랜드 재즈가 고전음악과 민속음악 그리고 유럽인과 아프리카

인을 융합시킴으로써 완전히 새로운 음악으로 탄생했던 것처럼 빅 밴드 스윙은 백인과 흑인 그리고 남성과 여성 사이의 경계를 허물어 버림으로써 전혀 다른 최초의 대중음악으로 탄생한 순간이다.

라디오와 국민정체성 형성

제1차 세계대전이 끝나고 웨스팅하우스(Westinghouse)·제너럴 일 렉트릭(General Electric)·ATT 등과 같은 미국계 군수회사들이 애초에 군사기술이었던 무선통신기술을 엔터테인먼트 산업에 적용한다. 미 국인의 여가생활을 획기적으로 바꾼 라디오가 탄생한다. 1920년대 중반부터는 콘서트와 축구경기를 전화선을 통해 중계할 수 있게 된다. 1926년에는 업계의 컨소시엄 회사인 NBC(National Broadcasting Company)가 전국망을 갖춘다. 그 다음 해에는 독립라디오 방송사들 이 전국방송망 CBS(Columbia Broadcasting System)를 만들어서 서로 경 쟁하는 체제를 형성한다. 1920년에 단 한 개뿐이던 라디오 방송사 는 1930년에는 600개로 증가한다. 당시로서는 약 100달러 정도하 는 고가의 장비였음에도 1930년에 이미 약 40%에 달하는 미국 가 정에서 라디오를 소유한다. 1932년에 이르자 미국인은 매주 4시간 씩 라디오를 청취하기 시작한다. 경쟁체제 하에 있었던 라디오 프로 그램 제작자들은 광고를 유치하기 위해 더 많은 청취자를 확보해야 만 했다. 엔터테인먼트에 집중할 수밖에 없었다. 이는 청취자의 귀를 사로잡기 위해서 15분짜리 단막극으로 편성하여 속도를 높인 연속 극, 두 명의 백인진행자가 인종차별적인 농담으로 시작하는 시트콤 (situation comedy)·서부극·미스테리 수사극·어린이 어드벤처 등으로 귀결되었다. 1930년대부터 미국 가정에서는 라디오 청취를 방해하 는 노래부르기도 사라지고 가족 간의 대화도 종적을 감춘다.(Cross,

1999: 182-183) 제조업센서스(the Census of Manufacturers)에 따르면, 1921
년 라디오 생산량은 1,065만 달러였으나 1925년에는 10배가량 늘
어난 1억 5,000만 달러를 돌파하고 1929년에는 4억 1,164만 달러
를 생산해서 또 다시 4배가량 증가한다.(Steiner, 1933: 941-942)

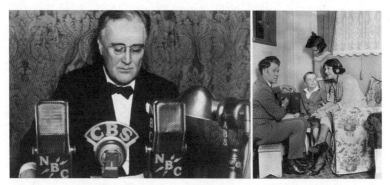

루즈벨트 대통령의 대국민 라디오 연설 〈노변정담〉(왼쪽). 1927년 시카고매일신문(Chicago Daily News)이
전하고 있는 거실에 둘러앉아 라디오를 청취하는 맥킨리(Michael McKinley) 판사 가족.(오른쪽)

  1950년 불과 9%에 불과하던 텔레비전 보유율이 1954년 54%로
급속하게 늘어나기 전까지 라디오는 미국인의 가족여가를 강력하
게 사로잡았다. 특히 1930년대는 확실히 라디오의 전성시대였다.
라디오의 영향력을 보여주는 상징적인 사건이 1938년 10월 30일
할로윈데이 하루 전날 저녁 8시에 일어난다. CBS 라디오에서는 할
로윈데이 특집으로 〈세계전쟁〉(The War of the Worlds)을 기획한다. 기괴
하게 생긴 화성인들이 지구를 침공한다. 지구를 방어하던 미군이 크
게 패한다. 화성인들은 유독가스로 공격을 계속한다. 방송이 시작
한지 15분이 지난 뒤부터 CBS와 전국의 경찰서에 시민들의 문의전
화가 빗발친다. 화성인의 침공을 사실로 착각한 청취자들이 전시행
동요령을 문의하는 전화다. 미국 전역에서 라디오를 듣고 있던 약
600만 명의 청취자들 중에서 200만 명이 공포에 휩싸여서 거리로
뛰쳐나온다. 1895년 뤼미에르 형제가 최초로 프로젝션 영상을 상영

했을 때 역으로 들어오는 기차 장면을 지켜보던 관객들이 실제로 기차가 영화관으로 들어오는 줄 착각하고 극장을 뛰쳐나갔던 것과 비견될 만한 사건이다. 이 방송 사건의 한 달 전에 있었던 1938년 9월 30일 나치 독일과 연합국 간의 악명 높은 체로슬로바키아 분할 점령 합의에 빗대서 뉴욕트리뷴지(the New York Tribune)의 톰슨(Dorothy Thompson) 기자는 다음과 같이 말한다. "한 달 전 히틀러가 특유의 날카로운 목소리로 전 유럽을 그의 발아래에서 벌벌 떨게 만들었을 때에는 최소한 군대와 폭격기가 있었다. 그러나 웰레스(Orson Welles)[3]는 아무것도 가지지 않은 채로 많은 사람들을 절망적인 공포에 떨게 했다".[4] 라디오 프로그램이 대중에게 미치는 엄청난 힘을 단 한 편의 프로그램을 통하여 웰레스가 입증했기 때문에 앞으로 정치인 중 누군가는 단 몇 마디 말과 음향효과로 대중을 조작하려 들지도 모르겠다는 우려를 표명한 것이다.

실제 방송용 대본은 1988년 12월 14일 소더비 경매에서 143,000불에 낙찰되었다(왼쪽). CBS 라디오 방송 소동을 헤드라인으로 전하고 있는 1938년 10월 31일자 뉴욕타임스(오른쪽)

　라디오의 막강한 영향력에 제일 먼저 관심을 기울인 것은 광고업

---

3) 〈세계전쟁〉의 감독겸 나레이터.

4) Hitler managed to scarce all of Europe to its knees a month ago, but he at least had an army and an air force to back up his shrieking words. But Mr. Welles scared thousands into demoralization with nothing at all.

자다. 온 국민의 귀를 매주 4시간씩 잡아놓는 라디오는 대단히 효율적인 광고매체임에 틀림없다. 라디오 방송 프로그램 제작자들은 더 많은 광고수익을 올리기 위해 사활을 건 청취율 경쟁을 벌인다. 시간연구와 동작연구로 개별 노동 동작의 성과를 분과 초로 나누어서 측정하고 그에 대해 60%에서 100%의 성과급을 지급하고자 하는 과학적 관리와 마찬가지로 라디오의 전파는 분과 초 단위로 나뉘어져서 광고업자에게 과학적으로 판매되는 상품이 된다.(강현두 외, 1999: 101~133) 라디오가 미치는 영향력은 막강했다. 라디오는 더 이상 엔터테인먼트에 머물러 있을 이유가 없었다. 집권 초기 저항이 심했던 자유자본주의자들의 탐욕의 벽에 부딪히면서 한계를 실감하였던 루즈벨트 대통령은 라디오를 통하여 직접 국민 설득에 나선다. 그것이 바로 1933년 3월부터 1944년 12월까지 계속했던 그 유명한 〈노변정담〉(Fireside Chats)이다.

그럼에도 불구하고 엔터테인먼트 산업으로서 라디오가 미친 가장 큰 영향력은 미국사람들로 하여금 미국인이라는 국민정체성을 갖게 했다는 것이다. 신문과 잡지를 통해서 간접적으로 접하던 것들을 라디오를 통해서 실시간으로 모든 미국인들이 동시에 접하게 되면서 가능해진 것이다. 철도 부설과 자동차 보급이 공간적으로 미국이라는 인식을 심어 준 것처럼 라디오는 시간적으로 동시대를 살아가는 하나의 국민을 만들어낸다. 라디오를 통하여 대통령의 취임연설을 실시간으로 접하면서 미국인은 최초로 한 대통령이 통치하는 같은 나라의 국민임을 깨닫는다. 터져 나오는 환호성과 박수소리를 실시간으로 들으면서 환희와 감동을 공유한다. 불황을 극복하고 더 강한 미국을 건설할 수 있다는 희망을 공유한다.(Steiner, 1933: 941~942) 미디어가 엔터테인먼트와 결합함으로써 일거에 미국인이라는 국민정체성을 형성한 것이다.

제2부

선벨트 카우보이경제와 엔터테인먼트 점령

제3장

미국 자본주의 발전

- 선벨트 카우보이경제 -

대공황을 극복하면서 남부와 서부에 위치한 선벨트(Sunbelt)지역에서 인구와 고용이 증가한다. 경제구조에도 변동이 나타난다. 2차 산업 고용이 감소하고, 3차 산업 특히 서비스업 고용이 증가한다. 수작업노동자 비율은 감소하고 사무직노동자 비율이 증가한다. 파업 참가 노동자도 줄어들기 시작한다. 1930년 이후로 뉴 잉글랜드(New England), 미들 어틀랜틱(Middle Atlantic), 두 지역 1인당 소득은 급격하게 줄어든다. 반대로 남서부 중앙지역은 증가하기 시작한다. 흑인노동자들은 북부로 이주하고, 백인노동자들은 남부로 이주한다. 흑인이 남부를 떠나면서 남부에서도 제조업이 증가하기 시작한다. 흑인 노동력 공백을 극복하는 과정에서 농업도 근대화하기 시작한다. 남부와 서부에서 인구 25,000명 이하의 도시에서 인구는 늘어난다. 북부에서 인구 100,000명 이상의 도시들은 인구가 줄어들기 시작한다. 농업지역과 산업지역으로 확연하게 나뉘었던 두 지역 간 격차도 현저하게 줄어든다. 1940년 양 지역의 차이를 보여주는 표준편차는 29.2였으나 1975년에는 10.8로 좁혀졌다.

이와 같은 경제적·지리적 변동은 정치변동과도 관계가 있다. 남부의 정치적 영향력이 증가한다. 1964년 이래로 보수당인 공화당이 줄곧 집권한다. 닉슨과 레이건은 남부로 정치권력이 옮겨가고 있다는 것을 상징적으로 보여준 대통령이다. 남부 카우보이가 정치판으로 돌아왔다. 카우보이가 집권하면서 농업·석유 및 천연가스·국방·첨단기술·관광 및 레저·부동산 및 건설 등 6개의 토대경제가 대규모로 성장한다. 보수적인 남부지역의 지지를 기반으로 한 이른바 카우보이경제(the Cowboy Economy)가 형성된다. 남북전쟁에서 북군의 승리는 곧 남부에서 북부로 노동력의 거대한 이동으로 이어졌다. 카우보이경제는 북부에서 남부로 또 다시 노동력을 이동시킨다.

미국 경제는 1970년대 두 차례에 걸친 오일쇼크와 스태그플레이션을 겪는다. 물가는 오르는데도 경기는 오히려 하강하는 그야말로 백약이 무효한 상황에 직면한 것이다. 카우보이경제가 날개를 달고 도약할 결정적인 기회를 잡는다.

기업의 과도한 탐욕으로 1930년대 미국은 대공황을 맞았다. 대공황으로 대변되는 시장실패에 대한 해법을 케인즈의 경제이론에 바탕을 둔 복지자본주의에서 찾았었다. 1930년대와는 정반대로 1980년대의 미국은 정부실패에 직면한다. 스태그플레이션에 빠진 미국은 정부실패에 대한 해법으로 하이에크와 프리드만의 경제이론에 기반을 둔 신(新)자유자본주의에서 그 대안을 모색한다. 시장을 움직이는 마이다스의 손 자유자본주의에 다시 한 번 주목한 것이다. 레이건 대통령과 대처 총리가 서로 정책을 맞춰간다. 신자유주의(Neoliberalism) 이념을 공유한 덕분이다. 신자유자본주의적 세계화를 주도한다.

신자유자본주의로의 귀환

1960년대 후반부터 세계는 잇따른 경제위기에 시달리기 시작한다. 위대한 사회를 구현하고자 했던 존슨 대통령이 베트남 전쟁비용과 복지비용을 과도하게 지출한데 따른 인플레이션에서 그 이유를 찾기도 한다. 같은 시기에 유럽은 더 극심한 인플레이션과 혼란을 겪었다는 점에 비추어 보면 만족할 만한 설명은 아니다.

1971년 닉슨 대통령은 금본위제를 폐지한다. 1973~1974년 겨울 제1차 석유파동으로 유가가 4배나 인상된 데에 따른 것이었다. 국제금융시스템도 붕괴한다. 결과적으로 그때까지 한 번도 겪어 보지 못한 경제혼란이 일어났다. 스태그플레이션이다. 미국의 대번영이 종말을 고한다. 복지자본주의에 대한 대수술이 불가피했다.(Kaletsky, 2011: 72-78)

1970년대 정부실패에 대한 대안을 모색한다. 시장이 작동하는 메커니즘으로서 보이지 않는 손에 다시 한 번 주목한다. 정부실패에 따른 공백을 시장이 대신한다. 실패한 정부에게 벌 줄 유일한 대안으로 다시 자본이 등장한다. 대공황을 초래한 주범에서 위기를 극복할 희망으로 급부상한다. 어느 날 갑자기 규제의 대상에서 개혁의 주체로 전환한 것이다.

자본은 국민국가시장을 넘어서 세계시장을 형성함으로써 국가의 규제에서 벗어남과 동시에 국가의 실패를 극복하고자 했다. 자유자본주의 하에서 지방을 벗어나기 힘들었던 자본은 복지자본주의 하에서 개별 국민국가 전역으로 확대된 전국 시장에서 비즈니스를 한다. 그러나 자본은 국가시장의 주인이었던 정부로부터 강한 규제를 받아야만 했다. 그래서 자본에게 있어서 복지자본주의는 곧 규제자본주의를 의미했다.

그러나 신자유주의는 모든 것을 다 바꿨다. 자본은 세계시장을 누비는 다국적기업으로 성장한다. 국가의 간섭으로부터 자유로워진 것이다. 반면에 국가는 일자리를 창출하기 위해서 자본에게 더 많은 고용을 요청한다. 경기를 부양하기 위해서 또 다시 자본에게 더 많은 투자를 구걸한다. 국가는 스태그플레이션의 주범으로 전락한다. 자본은 개별 국가시장을 넘어서 전 세계시장을 누빈다.

완전히 새로운 상황이다. 미국인들은 하버드대학 경제학과에서 시카고대학 경제학과로 돌린다. 1960년대부터 보수주의 경제학자들은 거시경제학이 과학적 학문으로서 미시경제학이 갖추고 있는 학문적 토대를 결여하고 있다는 주장을 제기한다. 더욱이 1970년대 사회갈등과 스태그플레이션은 케인즈와 신고전학파에 대해서 직접적인 비판을 가하기 시작한다. 자본주의의 내재적 속성인 불안정성과 거시경제의 안정을 위한 정부의 적극적인 역할을 부정한 것이다. 이리하여 정부의 제한적인 역할과 시장의 자체 조절능력에 대한 신뢰를 바탕으로 한 하이에크의 신자유주의(Neoliberalism)와 프리드만의 통화주의(Monetarism)가 1980년대 경제정책에 반영된다. 두 사람은 모두 시카고대학 경제학과 교수다. 모두 노벨 경제학상을 수상한다.

이들은 먼저 자신의 신자유자본주의 경제이론에 입각하여 미국경제를 진단한다. 자본가가 사업을 한 것과 노동자가 일한 것의 가치를 시장에서 보상 받는 것이 자본주의다. 소득분배는 수요와 공급의 조정을 거친다. 자본과 노동의 희소성과 생산성에 따라 이루어진다. 그러므로 자본에 대한 규제나 노동에 대한 보상은 바람직하지 않다. 또한 노동자를 고용하여 비즈니스를 하는 자본가가 노동자에게 임금을 얼마나 지불해야 할지도 조정을 거쳐서 결정된다. 결국 자동적으로 완전고용을 향하는 경향이 있다. 따라서 정부는 고용을 늘리기 위한 정책개입을 할 필요가 없다. 그럼에도 불구하고 정부가 고용을 증가시키기 위한 정책 개입을 했다. 별달리 필요하지도 않은 사회보장제도를 실시했다. 시장 조정기능을 저해하

시카고대학 경제학과의 노벨상 수상자들. 왼쪽 상단부터 시계방향으로 밀턴 프리드만·조지 스티글러·게리 베커·로날드 코스

고 인플레이션과 실업을 증가시켰다. 경제가 자율조정(self-adjust)을 하도록 하지 않고 완전고용을 목표로 한 화폐정책과 재정정책을 사용한 것이 1970년대 스태그플레이션의 주범이라는 진단이 다.(Palley, 2009: 42-51)

1930년대 시장실패와 함께 하버드대학 경제학과의 교수들이 정부의 경제정책을 수립하였던 것처럼 1970년대 정부실패와 함께 시

카고대학 경제학과 교수들은 미국식 신자유자본주의 경제정책을 수립한다. 금융시장의 탈규제와 민영화, 경쟁력 강화를 위한 노동시장 유연화, 완전고용 포기와 노동시장 보호 약화, 자본의 자유로운 이동, 국가재정 건전성 확보와 노동의욕 고취를 위한 복지의 동결, 시장개방, 국가개입 억제와 원칙에 입각한 통화량조절, 부자감세 등 미국식 신자유자본주의 경제정책을 쏟아낸다. 정부규제를 완화함으로써 시장규제를 작동시키는 경제정책이다.

정부실패의 와중에 집권한 레이건(Ronald Reagan) 대통령은 시카고학파와 손을 잡는다. 감세정책이 투자의욕과 노동의욕을 촉진하여 경제성장을 가져올 것이라는 공급측 경제학(supply-side economics)의 논리에 따라 경제정책을 구상한다. 기업에 대한 정부의 규제를 완화한다. 소득 세율을 인하한다. 정부재정 지출을 축소한다. 인플레이션을 방지하기 위해 통화량을 조절한다. 자원배분을 공공부문에서 민간부문으로 전환하고 소비재에서 자본재로 전환함으로써 생산증대와 물가안정을 이루고자 한 것이다.(송병건, 2012: 595-628; Palley, 2009: 51~57) 레이건노믹스(Reaganomics)라는 별명을 얻은 경제정책이다.

신자유주의 경제정책은 미국과 영국에 머물러 있지 않고 전 세계로 퍼져나간다. 이른바 경제세계화다. 일부 국가는 자발적으로 신자유자본주의를 받아들인다. 다른 국가는 미국의 압력에 굴복하여 비자발적으로 수용한다. 그만큼 반(反)세계화운동도 전 세계로 확산된다. 노조가입율과 파업일수가 모두 줄어들면서 노동이 약화된다. 시장경제에 대한 금융부문의 지배력이 강화된다. 기업은 물론 노동자도 국경을 넘어 이동한다.

레이건 연합과 신자유주의

1930년대는 시장실패로 인한 대공황을 어떻게 극복할 것인지에 대해서 몰두했었다. 대규모 실업사태로 인한 노동자들의 분노와 사회주의 혁명과 파시스트 독재의 위협 속에서 대기업의 시장독점을 막아서 시장경쟁이 작동하도록 만들어야 하는 절박한 과제를 안았다. 그야말로 피폐할 대로 피폐해진 가운데에서 미국 정부는 이때까지 생각지도 못했던 방식으로 경제에 개입했다. 그 결과 미국은 대(大)번영(1945~1975)을 구가했다. 대번영의 시기에 경험한 복지자본주의 시장과 정부를 서로 긴밀하게 연결했다. 자본주의는 정부가 통제하지 않으면 스스로 무너져버릴 정도로 불안정하기 때문에 유능한 정부가 시장의 혼란으로부터 자본주의를 보호해야 한다는 것이었다.(Reich, 2011: 90)

1970년대 미국의 화두는 정부실패로 인한 스태그플레이션을 어떻게 극복할 것인지에 대한 고민이었다. 각종 규제로 자본은 옴짝달싹 못한다. 완전고용은 노동의 호전성과 임금인상 요구를 지나치게 키운다. 신(新)사회운동과 서비스계급의 성장은 정치·경제·사회 전반에 걸쳐서 기존의 방식이 전혀 작동하지 않게 만든다. 탈근대주의는 문화경제를 허물어버림으로써 복지자본주의의 토대를 심하게 흔든다.(Kaletsky, 2011: 72-78; Lash & Urry, 1987: 285~300) 청년 대항문화(counterculture)는 미국의 기존 사회적 가치에 이의를 제기하였을 뿐만 아니라 급기야 반란 수준으로 진화한다. 신(新)좌파운동과 흑인 민권운동 등 자유주의 사조는 미국을 방종과 도덕적 퇴폐로 몰아넣는다. 더 이상 좌시할 수 없는 수준이다.

시카고대학 경제학과에 둥지를 틀었던 신자유자본주의 경제이론가들과 뉴 라이트 그리고 신보수주의자들은 레이건 연합, 즉 신보수주의 연합(Neo-Consevatives)을 형성하고 반격에 나선다. 신보수의 연합은 1980년 미국 대통령선거에서 승리하면서 백악관으로 입성한다. 세계는 이를 네오콘 정부의 탄생으로 기억한다.

루즈벨트 대통령 시절부터 민주당은 케인즈 경제학 이론에 기반한 경제정책을 시행하고 있었기 때문에 시카고대학 경제학과의 신자유자본주의 경제학자들은 민주당과 앙숙이었다. 반면에 뉴 라이트는 뉴딜정책의 적자였기 때문에 그들 스스로가 민주당원이라고 생각하고 있었다. 즉, 양 진영은 서로 하나가 될 수 없는 태생적 한계를 안고 있었다. 서로 물과 기름처럼 따로 놀았던 자유시장학파와 뉴 라이트가 하나로 엮인 것은 1980년대의 일이다. 물과 기름을 한 덩어리로 뭉친 사람이 바로 레이건이다. 1977년 시카고대학에서 은퇴한 프리드만은 캘리포니아에 있는 후버연구소(Hoover Institution)로 자리를 옮긴다. 그곳에서 레이건 및 그의 자문그룹과 직접적인 교류를 시작한다.(Yergin & Stainslaw, 1999; 236~243, 538~542) 레이건 연합을 형성한 세 번째 집단은 신보수주의자들이다. 신보수주의자들은 한때 자유주의자들과 함께 문화를 오염시킨 우둔하고 급진적인 이념들로부터 문화를 되찾기 위한 전투에 참여한다.

정치적·경제적·사회적으로 대조적이었던 진영에 속한 사람들 모두에게 호소력을 지녔을 만큼 레이건의 정치적 기량과 개인적 매력은 뛰어났다. 그러나 레이건은 일상적인 국정운영에 많이 관여하지 않았을 뿐만 아니라 정책의 본질이나 네오콘 행정부 구성원들의 행동에 대해서도 무지했다. 실제로 레이건은 8년의 재임기간 중 약 1년을 캘리포니아 농장에서 보낸다.(Brinkley, 2011: 517~520; Micklethewait & Wooldridge, 2005: 126-131)

신자유자본주의와 뉴 라이트 그리고 신보수주의자를 하나로 아우른 네오콘 행정부는 뉴딜정책 이래로 지속되어 왔던 각종 경제규제를 철폐한다. 1970년대 스태그플레이션 상황에서 정부에 의한 경

왼쪽부터 후버연구소의 후버타워, 후버연구소 로고, 후버연구소 앞에서 포즈를 취한 후버 대통령. 후버가 대통령이 되기 전인 1919년 미국 보수주의의 Think Tank로서 모교인 스탠포드대학(Stanford University)에 설립했다. 정식 명칭은 "전쟁, 혁명 그리고 평화연구소"(Hoover Institution on War, Revolution and Peace) 다. 후버연구소는 모두 세 개의 건물로 구성되어 있으며, 그 중 방문객의 인기를 독차지 하고 있는 후버타워 (Hoover Tower)가 메인 건물이다.

제규제는 너무 엄격했다. 너무 느렸다. 너무 왜곡됐다. 심지어 기술과 상업의 혁신을 방해하기도 했다. 시카고학파의 조지 스티글러(George Stigler)는 미국식 규제를 정면으로 비판한다. 이해가 개입되지 않은 공정한 규제(disinterested regulation)를 통하여 경쟁을 촉진하고자 했던 뉴딜정책은 시장경쟁을 촉진했다. 그러나 그로부터 50년이 지난 1980년대에 이르러 규제에 의한 경쟁은 더 이상 작동하지 않는다. 오히려 규제에 의한 획득(regulatory capture)이 난무한다.(Yergin & Stainslaw, 1999: 555~593)

네오콘 정부는 과감하게 탈규제를 시행한다. 1930년대에는 독점을 규제함으로써 경쟁을 활성화하고자 했다면 1980년대는 탈규제를 통해서 독점을 해소하고 경쟁을 촉진하고자 한 것이다. 1970년대부터 시작된 탈규제는 1980년대에 정점을 찍는다. 항공·철도·통신·금융·전력 등의 탈규제는 민영화를 수반하면서 꼬리에 꼬리를 물고 계속되었으며, 민주당 정부로 정권이 교체된 이후에도 계속되었다.

항공산업에서 최초로 탈규제가 빛을 발한다. 미국에서 항공규제
가 처음 시작된 것은 비경제적이고 파괴적인 경쟁과 낭비적인 서비
스의 중복으로 혼돈에 가까운 상황에 빠진 항공산업을 다루기 위
해서 1938년 민간항공위원회(Civil Aeronautics Board)를 설립하면서부
터였다. 민간항공위원회는 모든 노선의 요금을 결정했다. 모든 항
공사들은 같은 노선에서 동일한 요금을 받아야만 했다. 주간(州間)
항공노선에 취항할 항공사도 결정했다. 이러한 규제를 통하여 항공
사들은 알짜 노선에서 수익을 내는 대신 껍데기노선에서 적자를 감
수해야만 했다. 소비자는 모든 노선에서 안정적인 서비스를 제공받
았지만 일부 노선에서는 터무니없이 비싼 요금을 감수해야만 했다.

1978년 10월 민간항공위원회 알프레드 칸(Alfred Kahn) 위원장은
알짜노선과 껍데기노선을 없앤다. 항공탈규제를 결행한 것이다. 항
공사가 자율적으로 요금을 책정한다. 항공시장의 진입장벽도 모두
철폐한다. 민간항공위원회도 1985년 해체한다. 10개 대형항공사 중
에서 절반인 5개만 살아남을 정도로 경쟁이 격화된다. 항공권 가격
은 26%나 떨어진다. 사우스웨스트항공(Southwest Airline), 젯블루(Jet
Blue) 등과 같은 저가항공사가 등장한다. 소비자는 다양한 가격대의
상품을 다양한 항공사에서 누린다. 이전에 볼 수 없었던 다양한 서
비스를 즐긴다. 이윤을 창출하고자 하는 기업의 능력이 시장구조에
따라 좌우되었다. 상황은 급변한다. 기업은 최적화된 전략을 구사
함으로써 이윤을 창출한다. 특히 저가항공사 사우스웨스트항공의
성공은 과거 이론에서 최신 이론이 나오는 계기를 만든다.(Hubbard
& Obrien, 2007: 463~464) 그러나 10만 명이 넘는 항공관제노동자들이
해고된다. 껍데기노선 중 일부는 항공기 운항이 중단된다. 통근용
항공기는 아예 없어지기도 한다.

지난 40년간 지속했던 정책 기조는 규제였다. 항공산업 규제철

폐는 규제에서 탈규제로 정책이 역전되었음을 알리는 신호탄이다. 본격적인 탈규제는 전력산업을 통해서 달성한다. 전력산업 규제철폐는 그야말로 네오콘의 탈규제와 민영화 그리고 시장개방의 정점을 보여준다. 댐을 쌓아 물을 전기로 바꾼 것처럼 독점을 규제함으로써 미국경제를 정상화시키고자 했던 뉴딜정책의 핵심 중 하나가 전력산업이었기 때문이다. 1935년 '공공사업 지주회사법'(Public Utility holding Companies Act)을 제정하면서 전력산업은 규제협약을 준수해야만 하는 규제받는 독점사업이 되었다. 연방전력위원회(Federal Power Commission)는 주(州)를 넘나드는 주간(州間) 전력거래를 규제했다. 각 주의 공공사업위원회(Public Utility Commission)는 개별 주내(州內)에서 이루어지는 주내 전략사업을 규제했다. 소비자가 내야 할 요금도 공공사업위원회에서 결정했다. 수익은 예측 가능했고 안정적이었다. 정전이나 절전이 없는 고품질의 전력서비스를 제공했다. 전력가격도 1934년 1kW/h당 37센트였던 것이 1970년에는 5센트로 낮아졌다.

그러나 1970년대 스태그플레이션과 함께 전력사업은 휘청거리기 시작한다. 1978년 '공익사업 규제정책법'(Public Utility Regulatory Policies Act)에 따라 규제협약을 철폐한다. 전력사업은 경쟁사업으로 바뀐다. 민간기업이 자유롭게 발전소를 세워 지방 공공전력사업체에 전력을 판매할 수 있게 된다. 공익사업이었던 전력사업을 공공 독점체제에서 공공 및 민간 양자 경쟁체제로 전환한 것이다. 그럼에도 불구하고 전력사업은 개별 주내에서만 경쟁하는 사업으로 머물렀다. 1992년 '에너지정책법'(Energy Policy Act)을 제정하면서 송전망을 비롯한 전력설비사업까지 민간이 개발할 수 있게 한다. 전력산업에 대한 완전한 탈규제를 이룩한다. 또한 에너지정책법에 의거한 대통령 훈령 888호를 발동한다. 한 지역 전력생산업자가 생산한 전력이 다른 지역 전력생산업자가 생산한 전력보다 더 저렴할 경우 지역이 다르더라도 더 저렴한 전력을 구매할 수 있도록 한 훈령이다. 고비용 전력 생산업자들이 생존할 수 있었던 이유는 지방 전력생산 시장을 독점하고 있었기 때문이다. 민간기업이 전력사업을 할 수 있도록 규제를 철폐한데 이어서 전력거래를 개별 주내로 제한한 규제를 철폐함으로써 독점은 사라진다. 지역에 상관없이 경쟁한다. 이제 북부 일리노이의 주민들이 같은 양의 전기를 사용하면서 이웃한 남부 위스콘신의 주민들보다 2배로 많은 요금을 내는 일은 없어진다.

그렇지만 여전히 문제는 있다. 전력산업 탈규제와 민영화는 생산자와 설비업자 간 경쟁 그리고 시장개방을 통한 가격인하만 가져온 것이 아니다. 캘리포니아에서는 오히려 반대 상황이 벌어진다. 1996년 캘리포니아 주정부가 전력 생산 및 공급 시장을 개방한다. 전기료가 해마다 오른다. 게다가 전압은 불안정하다. 전력사용량은 해마다 증가하는 데도 민간기업들은 전력공급시설을 확장하지 않았기 때문에 나타난 현상이다. 민간기업은 수익을 극대화하는 데에만 혈안이다. 공익은 뒷전이다. 2001년 드디어 대규모 정전사태가 발생한다. 정전으로 은행업무가 중단된다. 교통경찰은 꺼져버린 교통신호등을 대신해서 수신호로 교통을 정리한다. 실리콘밸리의 첨단기기는 무용지물이 된다. 식료품은 썩어서 못 먹게 된다.

1980년대 초 탈규제 정책의 일환으로 추진했던 저축 및 대부업계의 행정 규제철폐 역시 1980년대 말에 이르러 결국 문제를 일으킨다. 네오콘 행정부는 파국을 막기 위해 5,000억 달러가 넘는 세금을 쏟아 붓는다. 신자유자본주의 경제정책에 따른다면 이런 상황에서도 국가는 시장에 개입하지 말아야 한다. 시장 스스로 작동하게 내버려 둬야하지만 네오콘 정부는 시장에 개입할 수밖에 없었다.

결론적으로 신자유자본주의 자유시장 경제정책은 문제를 일으키고 수정자본주의 국가개입 경제정책은 문제를 해결한다. 시장으로 귀환한 네오콘 행정부 스스로가 시장실패를 반복함으로써 신자유자본주의의 문제점을 노출시킨다. 레이건 개혁이 물거품이 되어버린 사건이다.

규제철폐와 민영화 그리고 시장개방 외에도 문제는 많았다. 네오콘 행정부가 주도한 일련의 신자유주의적 경제개혁 그 자체가 전반적인 문제를 일으킨다. 최고 세율을 70%에서 28%로 삭감함으로써 기업가의 의욕을 활성화하고 경제를 성장시키려 한 정책은 미국 경제를 오히려 깊은 침체의 늪으로 몰아넣는다. 결국 '역사상 최대의 세금감면' 바로 다음에 '역사상 최대의 증세'를 감행한다. 정부의 지출을 줄여서 작은 정부를 만들겠다는 계획 역시 시행 1년 만에 포기한다. 네오콘 행정부 집권 말기에 연간 적자는 거의 3배가량 증가한다. 국채 총액도 9,950억 달러에서 2조 9,000억 달러로 폭증한다. 미국 건국 이후 네오콘 행정부 집권 직전까지의 정부 부채총액보다 네오콘 행정부 집권 기간 중 정부 부채총액이 더 많았다.(Yergin, 1999: 647-554)

신(新)보수주의의 문화적 모순

미국 자본주의는 두 차례의 큰 변동을 겪는다. 1930년대 대공황을 극복하는 과정에서 국가의 역할이 점점 더 커지면서 한 차례의 변동을 겪는다. 1960년대와 1970년대 대량소비사회가 형성되면서 2번째 변동을 겪는다. 대량소비사회가 형성되는 과정에서 청년 대항문화운동·흑인민권운동·소비자권익운동·환경운동·여성운동 등 다양한 신사회운동이 일어나면서 미국 부르주아사회의 토대가 점차 붕괴된다. 미국 사회는 바야흐로 주인 없는 사회로 변모한다. 가만히 앉아서 당할 수만은 없는 노릇이었다. 신사회운동을 주도하고 있는 일군의 미국인들이 뭐라고 말하든 미국의 주인은 우리라고 주장하는 사람이 등장한다. 신보수주의자들(Neoconservatives)이다. 이들은 가족의 가치와 도덕성을 강조한다. 각종 사회운동으로 말미암아 느슨해질 대로 느슨해진 미국 부르주아 사회의 응집력을 다시한 번 확고히 하고자 한 것이다. 상황은 제2차 세계대전 종전과 함께 시작한다.

1945년 미국은 승전의 기쁨을 만끽한다. 브레튼우즈체제가 성립되면서 달러화는 파운드화를 대체하고 기축통화로 자리 잡는다. 전쟁이 끝난 뒤 30년간 미국은 대번영의 시대(1945-1975)를 구가한다. 1950년대에는 전시체제 하에서 절제하면서 생활한 것에 대한 보상이 있어야 한다는 데에 어느 정도의 사회적 합의도 있었다. 높은 임금과 증가하고 있는 소비 수요를 유지해야 할 책임이 정부에 있다는 주장에 대해서 보수주의자들까지도 동의했다. 케인즈주의적 경제정책에 기반 둔 주장이었는데도 말이다.

그러나 1960년대에 접어들면서 상황은 급변한다. 1950년대 소비주의가 더욱 파편화되고 개인주의적으로 변해가면서 자성의 목소리가 커진다. 쏟아져 나오는 광고는 별반 차이도 없는 브랜드를 토해내면서 가격을 계속해서 끌어올린다. 미국인들은 과장광고 때문에 쓸데없는 대출을 받고 보험에 가입하고 자동차를 사고 집을 수리한다. 당연히 소비자권익운동이 요원의 불길처럼 번져간다.

또한 1943년 로스앤젤레스 스모그, 1960년 매립지 조성과 쓰레기로 인한 지표수오염, 1965년 북동부지역 정전사태로 불거진 불완전한 에너지체계 등이 사회문제로 등장하면서 환경운동은 국민적 관심을 끌기 시작한다. 1920년대 진보의 시대에 환경보존운동과 달리 1960년대의 새로운 환경운동은 경제성장 그 자체에 대해서 체계적인 비판을 가한다.(Cross, 2000: 145-155) 소비자의 권리에 대한 옹호와 성장지상주의로 인한 환경파괴에 대한 비판은 몇 가지 공통점을 지닌다.

공해로 가득 차고 슬럼으로 황폐화된 도시를 버리고 떠난 백인 중산층들은 교외에서 그들만의 주거단지를 조성한다. 교외도시화는 풍요와 함께 소비주의의 산실이 된다. 앞집과 뒷집 그리고 옆집에서 소비경쟁이 벌어진다. 남이 사면 나도 사는 모방소비가 만연한다. 소비자권익운동과 환경운동은 교외거주자들의 경쟁적 소비주의와 몰개성적 동조에 대한 반작용이었다. 이들에게 저항한 것은 사회운동가들만이 아니다. 이들의 자녀들도 반기를 든다. 청년들은 부모와 달리 소비사회의 일원이 되기 위해 억압적이고 의미 없는 노동을 하는 부유한 노예가 되기를 거부한다.

신자유자본주의는 대기업과 펀드운용자에게 더 많은 이윤을 안겨준다. 그러나 가족의 가치와 도덕성을 재발견하고자 했던 신보수주의자들의 의도와 달리 쾌락주의와 소비주의만 확산시킨다. 금욕과 근검절약으로 이익추구를 합법화하는 대신 재산의 비합리적 사용을 배격했던 프로테스탄트 윤리가 붕괴한 것이다. 윤리를 상실한 자본가에게 남은 자본주의 정신은 물질획득 욕구(sense of acquisition)뿐이었다. '부유해지는 것 자체를 목적으로 삼는 부의 추구'는 자본주의 사회, 미국의 토대가 붕괴되고 있다는 것을 뜻한다.(Bell, 1992: 175~178; Weber, 1978: 173~177)

1960년대 청년들은 교외도시에 그들만의 궁전을 짓고 윤리를 상실한 채 맹목적으로 일만 하는 부유한 노예생활을 거부한다. '제인처럼 아름다운 청년들이 치타 같은 냄새를 풍기면서 타잔처럼 행동'했지만[1] 1970년대 백인 중산층 부모들은 한 번 더 참는다. 중절

---

1) 1960년대 과격파 청년들을 유머러스하게 비꼬은 레이건 대통령의 말이다. 과격한 극단주의자들이 나라를 지배할지도 모른다는 두려움으로 분노하고 있는 보수주의자들을 진정시킨 농담으로 낙관주의자였던 레이건의 면모를 잘 볼 수 있다. 실제로 한 말은 다음과 같다. "타잔처럼 행동하고 제인처럼 보이며 치타 같은 냄새가 난다"(Micklethewait & Wooldridge, 2005: 129).

모를 벗고 청바지를 입는다. 중절모는 교외도시를 형성하고 살았던 백인 중산층의 지위상징(status symbol)이다. 청바지는 그들의 자녀인 청년들의 대항문화를 상징한다. 지위상징이었던 중절모를 벗어버림으로써 집 나간 자식들에게 기득권마저도 포기할 수 있다는 강한 신호를 보낸다. 청년 대항문화의 상징이었던 청바지를 입음으로써 이유 없는 반항마저도 품겠다는 의지를 천명한다. 마약과 록음악에 빠져 살았던 집 나간 청년들은 1980년대에 어느새 중년이 되었고 여피(yuppie)와 딩크(dink)[2] 부부로 가정을 이룬다.(Cross, 2000: 181; Michlethewait & Wooldrige, 2005: 126-131) 그리하여 청년 대항문화운동과 교외도시 백인 중산층의 대항실천 간에 벌어진 한바탕 문화전쟁은 신보수주의자들의 뉴 라이트 이데올로기를 확증하는 것으로 일단락된다.

1953년 스모그에 휩싸인 뉴욕시(오른쪽). 멀리 엠파이어 스테이트 빌딩이 보인다. 1979년 산호세 한 주유소(왼쪽). 오일쇼크로 주유소 앞에 길게 늘어선 차량 사이로 한 남자가 제초기에 기름을 넣기 위해 줄 서 있다.

1970년대 두 차례 오일쇼크와 함께 에너지 비용이 상승한다. 그

---

2) 여피는 Young Upwardly-Mobile Professional의 줄임말로서 상승이동하고 있는 젊은 전문직 종사자를 지칭한다. 딩크는 Double Income No Kids의 머리글자로서 2배의 소득을 벌지만 아이는 낳지 않는 신세대 미국인을 지칭한다.

런데도 에너지 소비는 50%나 증가한다. 1969년에서 1983년 사이에 상점방문빈도 역시 39% 증가한다. 원인 중 하나는 휴스톤·피닉스 등지에서 진행된 교외도시화 때문이다. 즉, 미국 신(新)중간계급 구성원들은 더 큰 집에 살면서 더 먼 거리를 출퇴근한다. 이는 더 많은 에너지소비와 상품소비로 이어진다. 지미 카터(Jimmie Carter) 대통령은 1979년 여름 미국병 연설(Malaise Speech)을 통해 미국인들이 좀처럼 희생하려 하지 않는다고 비판한다. 에너지 소비증가율을 연간 2% 이내로 제한하고 자연을 보호하자고 제안한다. 하지만 언론은 미국병 연설을 조롱한다.

1980년 대통령선거에서 로널드 레이건은 에너지 부족을 일축하고 자연보호를 빌미로 한 과잉규제를 비판한다. 대신에 경제성장을 지속할 수 있도록 더 많은 에너지를 생산해야 한다고 역설한다. 미국인들은 환경주의의 비용을 수용하지 않았다. 미국인에게 있어서 자연보호와 보존은 곧 갈등·분열·불편·삶의 기회 축소 등을 의미했다. 1980년대에 에너지 가격이 하락하면서 환경운동도 잦아들기 시작한다. 미국인의 자유로운 에너지 사용을 자유 그 자체와 동일하게 생각했기 때문에 환경운동을 잊어버리고 만다.(Cross, 2000: 159~163)

1976년 대법원이 광고도 표현의 자유 보호대상이 될 수 있다는 것을 인정하면서 소비자권익운동 역시 전기를 맞는다. 광고업자들은 판매한 제품에 관한 정보제공에 방해받지 않을 권리가 있다고 공격한다. 구매자인 어린이들이 장난감을 가지고 잘 놀려면 판매자의 위탁을 받은 광고업자가 장난감에 대해서 잘 설명해 주어야 한다는 취지다. 1978년 워싱턴포스트도 연방거래위원회가 어린이광고를 규제함으로써 나약한 부모가 해야 할 일을 대신하려고 한다고 비판하고 나선다. 이러한 사회적 분위기 속에서 1980년 의회는 드디어 연방거래위원회가 불공정한 광고를 금지하는 조치를 취한

다. 연방거래위원회는 의회의 결정을 수용하고 광고규제에 대한 주
도권을 포기하고 만다. 마침내 소비자권익운동도 쇠퇴한다.(Corss,
2000: 157~159)

제4장

미국 엔터테인먼트 발전

- 카우보이 엔터테인먼트를 점령하다! -

1960년대와 1970년대 미국은 혼란의 정점을 향해 달려가고 있었다. 월남전은 계속할 수도 없고 중단할 수도 없는 미궁 속으로 빠져든다. 강제 징집되어 명분 없는 전쟁에 목숨을 바쳐야만 했던 청년들이 주도한 대항문화도 마약에 취한 상태에서 허무와 퇴폐로 흘러간다. 두 차례의 오일쇼크는 환경운동을 더욱 격화시킨다. 해방된 지 100년이 넘었는데도 흑인들은 여전히 백인들을 위해 텅 빈 버스 앞자리를 남겨두고 꽉 찬 뒷자리 옆에 서서 가야만 했다. 같은 식당에서 똑같은 요금을 내고도 뒷문으로 음식을 받아가야만 했다. 인종차별 철폐를 요구하는 흑인들의 목소리는 점점 더 커진다. 마침내 정치세력화한다.

1975년 월남전을 끝낸다. 미국은 패배했다. 58,220명이나 되는 젊은이들을 잃은 뒤다. 1978년 제2차 오일쇼크와 함께 실패한 정부를 질타하는 목소리는 하늘을 찌른다. 거짓말쟁이 포드 대통령의 임기 마지막 해인 1976년 미국인의 불행지수(Misery Index)는 13.6이었다. 정직한 대통령 카터의 집권 마지막 해인 1980년에는 20.6으로 오히려 더 올라간다. 미국 주류 백인 중산층은 완전히 길을 잃는다. 주류문화는 혼란에 빠진다. 그 빈틈을 여성 페미니즘운동과 소비자 권익운동 그리고 흑인 민권운동 등 각종 신사회운동이 더욱 세게 치고 들어온다. 다양한 신사회운동의 도전에 직면한 백인 남성은 우선 자기 스스로를 설득해야만 했다. 그 일환으로 백인 남성의 낡은 정체성을 버리고 새로운 정체성을 찾아 나선다. 즉, 교외도시에서 행복하고 안락한 나만의 삶을 뿌리치고 나와서 세상의 다양한 요구를 하나로 묶어낼 수 있는 백인 남성으로 다시 태어나야만 했다.

이즈음 레이건은 경제부흥과 세계평화의 명확한 목표를 수립하고 미국의 자존심과 영광을 되찾겠다는 비전을 제시하면서 집권한다.(김형곤, 2007: 72~83) 뉴 라이트와 신자유주의 경제 진영을 결집하여 신보수주의 연합을 형성한 레이건은 수세에 몰린 미국 백인 남성 주류문화를 재건한다. 다시 돌아온 강력한 주류와 우후죽순처럼 세력을 확장한 신사회운동 간 한 판 승부, 문화전쟁을 시작한다.

1980년에 접어들면서 실험영화의 전통을 이어받은 소규모 저예산 익스플로이테이션(exploitation) 영화는 흥행에서 참패한다. 반면에 대규모 고예산 익스플로이테이션 영화, 즉 1980년대의 블록버스터 영화는 대성공을 거둔다. 영화로 돈을 버는 새로운 방식을 할리우드에 제시한 것이다. 이들은 주류와 비주류 간의 문화전쟁을 스크린에서 재현한다. 그러나 온전히 성공적으로 재현할 수 없었다. 월남전 패배는 주류문화에 영원한 숙제로 남았다. 그 대신 붕괴한 동구공산권 영화시장을 장악하면서 블록버스터 영화는 그야말로 세계화에 성공한다.

1950년대 중반 새로운 장르의 대중음악 록앤롤 열풍으로 한 차례 혁신을 일으키면서 엄청난 성공을 거두었던 미국 대중음악은 1960년대 비틀즈·롤링 스톤즈 등 영국 대중음악 가수들에게 안방을 고스란히 내준다. 1980년대 미국 대중음악은 다시 한 번 전성기를 구가하면서 새로운 장르의 음악들이 폭발적으로 터져 나오기 시작한다. 이즈음 뉴욕의 빈민가에서 차별받는 흑인의 일상을 노래하는 새로운 대중음악 랩과 새로운 대중문화 힙합이 등장한다. 뉴 라이트는 이들 흑인 대중음악을 예의 주시하면서 강력한 규제운동을 전개한다. 뉴 라이트의 규제에 직면한 래퍼들은 더욱 강력하게 저항하고 마침내 정치 랩으로까지 발전한다. 1980년대 미국 대중음악은 전 세계로 퍼져나갔지만, 정작 미국 내에서는 뉴 라이트의 규제와 랩퍼의 저항 간에 힘겨루기가 계속되었다.

1930년대 미국인의 국민정체성을 형성했던 라디오의 뒤를 이어서 1980년대 텔레비전은 온 국민의 눈과 귀를 사로잡는다. 연방통신위원회 위원장에 임명된 파우러(Mark Fowler)는 각종 방송규제를 철폐함으로써 신자유주의를 구현한다. 탈규제와 함께 방송시장은 전 국민을 대상으로 한 공중파 방송과 세분화된 목표고객을 대상으로 한 케이블 방송으로 양분된다. 공익보다 이윤을 우선하면서 상업화하기 시작한다. 양분화 과정에서 공중파는 시장지분을 빠르게 빼앗긴다. 반면에 케이블 방송은 시장지분을 확대하면서 미국 국민을 쪼개나간다. 가족의 가치와 미국적 전통을 복원하고자 했던 신보수주의자들의 의도와는 달리 미국 사회는 파편화된 소비사회로 변해간다.

1960년대와 1970년대 소비자 권익운동·환경운동·청년 대항문화운동에 대한 신보수주의의 반격으로 촉발된 문화전쟁이 1980년대 말 신보수주의의 승리로 일단락되면서 미국 사회는 다시 안정을 되찾는다. 어찌되었건 간에 미국의 경제와 문화는 모두 승리한다. 그러나 양자는 서로 적대적인 관계로 전락한다. 부르주아 경제는 제한받지 않는 문화의 과잉을 두려워한다. 반면에 문화는 천박한 부르주아 라이프스타일을 경멸한다. 미국 자본주의가 문화적 모순에 빠져버린 것이다.(Bell, 1992: 187~188) 요컨대 윤리적 토대를 상실한 자본주의 사회의 위기는 극복했으나, 쾌락주의와 신소비주의에 굴복함으로써 천민자본주의의 길로 내달았다. 신보수주의자들이 의도적으로 포문을 열었던 문화전쟁은 의도하지 않은 신자유자본주의의 문화적 모순으로 귀결되고 말았다.

뉴 아메리칸 시네마의 몰락과 블록버스터의 등장

미국 영화산업은 새로운 돌파구를 찾아야만 했다. 1969년부터 1972년 사이에 7대 메이저 영화사들이 총 5억 달러 넘는 기록적인 손해를 봤기 때문이다. 위기에 처한 미국영화는 뉴욕 출신 독립영화 감독들에게 문호를 개방한다. 이들은 청년 대항문화를 비롯한 각종 신사회운동을 소재로 한 영화를 찍는다.(유현목, 1986: 162~164; Belton, 2008: 435~437) 할리우드에서 활동하는 경험 많은 감독의 영화는 참패를 면치 못한 반면 뉴욕에서 활동하는 젊은 감독들은 의외의 성공을 거두면서 반향을 불러일으킨다. 데니스 호퍼(Dennis Hopper)·마이크 니콜스(Mike Nicohls)·마이클 치노미(Michael Cimino)·프란시스 포드 코폴라(Francis Ford Coppola) 등 뉴 아메리칸 시네마를 주도한 감독들이 바로 그 청년감독들이다. 그러나 한때 엄청난 성공을 몰고 왔던 치미노 감독의 영화 〈천국의 문〉과 코폴라 감독의 영화 〈One from the Hear〉가 흥행에서 참패[1]하면서 뉴 아메리칸 시네마

---

1) 마이클 치미노 감독은 4,400만 달러에 달하는 천문학적인 제작비를 들여서 〈천국의 문〉을 만들었으나 흥행수입은 150만 달러에 그쳤다. 프란시스 코폴라 감독도 〈One from the

도 서서히 그 막을 내린다.

　반면에 스티븐 스필버그(Steven Spielberg)와 조지 루카스(George Lucas)의 영화는 전대미문의 흥행수입을 올린다. 뉴 아메리칸 시네마의 종말과 함께 미국 상업영화와 엔터테인먼트 산업은 새로운 전기를 맞이하면서 1980년대가 시작된다. 영화의 신자유자본주의 시대라고 할 만한 커다란 변화의 바람이 분다. 더 많은 제작비를 투입하고 전체 제작비의 절반가량을 마케팅 비용에 투입하기도 하면서 더 많은 개봉관에서 동시에 배급함으로써 영화배급 시장 자체를 독차지해 버리는 대규모 고예산 익스프로이테이션 영화의 시대가 열린 것이다. 오리지날 사운드트랙을 이용한 미디어 스핀오프(media spin-off)와 영화뿐만 아니라 영화에 등장하는 캐릭터를 상품화함으로써 전방위로 수입을 올리는 타이인 머천다이즈(tie-in merchandise) 등의 전략을 구사하는 하이콘셉(high-concept)에 맞춰서 대규모 관객(mass audience)을 타겟으로 한 대량배급(wide-release) 영화로 돈을 버는 완전히 새로운 방식이다. 소규모 저예산 익스플로이테이션 영화가 가고 대규모 고예산 익스플로이테이션 영화, 곧 블록버스터의 시대가 도래한다.(Belton, 2008: 438~440; http://en.wikipedia.org/wiki/New_Hollywood) 소련이 도저히 감당할 수 없는 엄청난 군비를 투입함으로써 힘의 균형 상태를 깨버리고 체제경쟁에서 승기를 굳히고자 했던 신보수주의자들의 국방전략(김형곤, 2007: 68~71)처럼 미국 상업영화는 도저히 따라올 수 없는 엄청난 물량공세를 통하여 전 세계 영화시장을 장악하고자 했다.

　블록버스터 영화는 이데올로기적 판타지로 위축된 상업영화의 부흥과 백인 남성 중산층 주류문화의 정체성 재형성이라는 시대적

　Hear)에 2,700만 달러를 투입했지만 흥행수입은 90만 달러에 불과했다(http://imdb.com)

요구에 응답한다. 여기에는 두 가지 방식이 사용되었다.(Sartell, 2005: 615-627) 먼저, 현재의 현실로부터 도피와 초월을 추구하는 판타지 영화를 통해서 이데올로기적 판타지로서 1980년대 미국 블록버스터 영화들은 월남전에서 패배를 기억에서 지워버리거나 왜곡시킴으로써 미국 주류문화가 직면하고 있는 문제를 해결하고자 했다. 설명할 수 없고, 맞설 수 없는 현실이라면 마치 아무 일도 없었던 것처럼 잊어버리거나 사실 자체를 왜곡해 버리는 소극적인 방식의 해법을 스크린 위에 구현한 것이다.

〈E.T.〉(1982)에서 주인공 엘리엇은 외계인 E.T.와 교감하면서 돕는다. E.T.는 "네 곁에 영원히 있을게"라는 약속을 남기고 지구를 떠난다. 영화는 월남전 패전 이후 뒤죽박죽으로 꼬여 있는 현실에서 탈출하고 싶다는 욕망을 직접적으로 고백한다. 동시에 매우 친숙하고 선한 의도를 지닌 외계인을 등장시킴으로써 국제문제에서의 불안감을 해소시킨다. 〈람보 2〉(1985)는 월남전에 대한 신보수주의자들의 인식을 상징적으로 재현하고 있다. 트로트만 대령의 명령을 받고 미군 포로를 구출하기 위해 떠나는 람보의 질문, "이번에는 이기는 겁니까?"는 1975년 월남전에서는 패배했지만 1985년 스크린에서 재현된 과거 전쟁에서는 승리할 것이라는 사실을 미리 점치게 한다.(Belton, 2008: 454-456) 〈백 투 더 퓨처 1〉(1985)에서 주인공 마티는 리비아 테러리스트에게 공격을 받고 우연히 과거로 돌아간다. 마티가 가족의 과거사를 바꿔놓고 1985년으로 다시 돌아왔을 때 마티의 부모는 과거와 달리 돈 많고 세련된 취향을 가진 멋진 사람이 되어 있다. 오늘의 삶에 영향을 끼치고 있는 잊고 싶은 과거를 영화에서는 멋진 과거로 바꿔 놓은 것이다. 〈백 투 더 퓨처 3〉(1990)에서 타임머신 고장으로 1855년에 머물고 있는 브라운 박사를 구하기 위해 마티는 서부개척지로 돌아간다. 이 영화에서 서부극이라는 장르를 레이건 방식(Reagan's way)으로 활용함으로써 백인 남성 주인공이

다시 한 번 멋지게 일어설 수 있게 한 것이다.

외계인과 인간의 교감을 표현한 영화 <E.T.> 포스터(왼쪽)와 생명의 불꽃이 신에게서 최초의 인간 아담에게 전달되는 순간을 그린 미켈란젤로의 명화 <아담의 창조>(오른쪽). 인간에게 생명과 구원은 신에게서 비롯되는 것처럼 백인 중산층에게 구원의 손길은 외계인으로부터 온다. 월남전 패전 이후 궁지에 몰린 백인 중산층의 곤궁한 처지를 보는 듯하다.

　　레이건 대통령이 신보수주의를 통하여 미국 국민들에게 그랬던 것처럼 블록버스터 영화들은 특수효과를 통하여 미국 국민들이 베트남 전쟁 패배의 쓰디 쓴 기억을 잊고 승리의 확신을 갖도록 권장한다. "우리가 앞으로 나가는 데는 길이 필요 없다", "군대가 우리와 함께 있다" 등 레이건이 미국 국민들에게 심어주고자 했던 자신감은 〈백 투 더 퓨처〉, 〈스타워즈〉 등의 영화 대사에서 빌려 온 것이었다는 점은 우연의 일치가 아니다. 레바논 테러리스트들이 39명의 미국인 인질을 석방했을 때 레이건은 다음과 같이 선언한다. "나는 어젯밤 〈람보〉를 보았다. 다음에 이런 일이 일어나면 어떤 조치를 취해야 하는지 나는 안다." 1980년대 신보수주의자들은 현실을 직시하기보다는 영화적 재현으로 탈출한다.

　　〈스타워즈〉 제4편 '제다이의 귀환'(왼쪽)은 전 세계 최초로 만들어진 전자영화다. 1980년대 미국 엔터테인먼트 산업은 디지털화를 실험함으로써 미래를 준비한다. 다른 한편으로 〈백 투 퓨처〉(오른쪽)·〈

터미네이터〉 등과 같은 블록버스터 영화를 제작함으로써 전 세계 영화시장을 독점함과 동시에 신사회운동 진영과의 철지난 문화전쟁을 계속했다.

〈스타워즈〉 제4편 '제다이의 귀환'(왼쪽)은 전 세계 최초로 만들어진 전자영화다. 1980년대 미국 엔터테인먼트 산업은 디지털화를 실험함으로써 미래를 준비한다. 다른 한편으로 〈백 투 더 퓨처〉(오른쪽)〈터미네이터〉 등과 같은 블록버스터 영화를 제작함으로써 전 세계 영화시장을 독점함과 동시에 신사회운동 진영과의 철지난 문화전쟁을 계속했다.

　다음으로, 세대적 소수자인 청년과 성적 소수자인 여성 그리고 인종적 소수자인 흑인 등에 의해 새롭게 제기된 전투적인 요구들을 백인 남성 중심으로 다시 묶어내기 위해서 백인 남성의 정체성을 새롭게 재현한다. 즉, 이성애자인 중산층 백인 남성에서 소수자로 변화하거나 자기 자신을 가해자가 아닌 희생자로 정의함으로써 어떠한 정체성도 갖고 있지 않은 사람으로 재구성한다. 즉, 청년 대항문화의 상징이었던 청바지를 입음으로써 삐뚤어진 자식들을 품었던 것처럼 백인 남성 주류 정체성을 해체시킴으로써 오히려 백인 남성 주류문화를 중심으로 다양한 문화적 욕구를 하나로 묶어내고자 한 것이다.

　〈성난 황소〉(1980)에서 노동계급 복서가 된다. 〈투씨〉(1982)에서 여성으로 분장한다. 〈레인맨〉(1998)에서는 자신을 자폐증 환자로 만든

다. 〈7월 4일생〉(1989)에서는 월남전 상이용사를 연기한다. 〈여인의
향기〉(1992)에서는 시각장애인이 된다. 표준적인 백인 남성이 소수자
로 바뀌는 정체성 변화의 판타지 영화다. 소수자 끌어안기를 시도
한 것이다. 〈다이 하드〉(1988)에서 맥클레인은 인질로 잡혀있는 아내
를 구출하기 위해 깨진 유리로 뒤덮인 사무실 바닥을 맨발로 걸어
간다. 다민족 다인종 엘리트 범죄집단은 테러를 자행한다. 아내의
일본인 상사는 "진주만이 실패했기 때문에 카세트라디오로 당신네
들을 정복한거요"라는 섬뜩한 농담을 한다. 백인 남성과 미국을 역
사의 희생자로 그린 것이다. 다양한 방식으로 표준적인 백인 남성이
희생자가 된다.

　미국 백인 남성 주류문화의 정체성을 재구성하고 있는 이 영화들
은 1980년대 중반에 이르러 레이건의 승리에 찬 시기가 한 풀 꺾여
서 내리막을 걷기 시작한 것과 일치한다. 이란 콘트라 사건과 올리
버 노스 스캔들로 레이건 연합의 부정적인 실체가 드러나면서 1970
년대 중반 월남에서의 패배 경험이 1980년대 중반 미국 국내에서
고스란히 재현되는 듯했다. 이처럼 주류 정체성을 새롭게 재현함으
로써 미국 사회를 위협하고 있는 다양한 소수자의 목소리를 하나
로 묶어내고자 했다.(Sartell, 2005: 618-627)

　스크린에서 벌어진 치열한 문화전쟁과 정체성 정치와 달리 이 시
기 미국 영화산업은 엄청난 호황 국면에 접어든다. 영화 전용 케이
블 채널 HBO(Home Box Office)가 성공을 거둔다. 1970년대 1,500불
이나 하던 홈 비디오 플레이어의 가격이 1980년대에 300불로 떨어
지면서 영화보기가 곧 극장가기와 동일시되던 시대는 종지부를 찍
는다. 당연한 결과이지만, 미국 내 개봉관에서 얻는 흥행수입 외에
케이블 텔레비전 영화방영, 비디오 판매 및 대여, 해외 흥행 수입 등
으로 수입원을 다양화한다. 1986년 비디오 판매 및 대여를 통한 매
출액이 극장 매출액을 앞지른데 이어서 1990년에는 미국 내 비디오

대여 및 판매가 100억 달러를 넘는다. 극장 흥행에서는 참패를 하고도 비디오 대여점을 통해서 수익을 올리는 〈스카페이스〉(1983) 같은 영화들이 나오기도 한다. 그럼에도 불구하고 극장을 찾는 관람객 숫자 역시 줄어들지 않았다. 또한 부활절·여름휴가·크리스마스 등 성수기뿐만 아니라 그 외 비수기에도 관객이 늘어나면서 성수기 블록버스터, 비수기 저예산 영화라는 공식도 깨진다. 따라서 〈블루 벨벳〉(1986), 〈플래툰〉(1986), 〈블레이드 러너 감독판〉(1991) 등 비수기 개봉 흥행성 공작들도 등장하기 시작한다.(Gomery, 2005: 568-577)

그럼에도 불구하고 이 시기 미국 영화산업의 가장 큰 특징은 성장이 아니라 세계화다. 세계화 이전 영화시장은 미국을 중심으로 한 자본주의 진영과 소련을 중심으로 한 공산주의 진영으로 나뉘었다. 세계화 이후 단일 글로벌 영화시장으로 통합된다. 1989년 소련 및 동구공산권의 몰락은 민주주의와 사회주의 간의 이념적 경제를 허문데 이어서 양대 진영으로 나뉘어져 있었던 시장의 경계도 허문다. 세계화는 모든 장벽을 다 허물어버렸으며 미국 영화는 그야말로 글로벌 시장을 활보한다. 동구공산권 국가들이 몰락하기 직전인 1986년 동유럽과 서유럽에서는 연간 1,026편의 영화를 제작했다. 동구공산권 국가들이 몰락한 직후인 1994년에는 630편밖에 만들지 못했다. 동구공산권 국가의 몰락과 함께 동유럽 영화산업도 붕괴한 것이다. 전성기를 구가했던 1975년 동구공산권 국가의 국민들은 인구 1,000명 당 영화관 좌석 숫자[2]도 월등하게 많았고 1인당 영화관람 횟수[3]도 압도적으로 많았다.(Sassoon, 132-133) 공산주의의 몰락과 함께 동유럽 영화도 막을 내린다. 미국 영화는 몰락한 동

---

2) 동유럽이 65.6개로 제일 많았고, 그 뒤를 이어서 미국은 50.8개였으며, 서유럽은 제일 적은 40개였다.
3) 역시 동유럽은 14.3편으로 제일 많았다. 반면에 미국과 유럽은 각각 5.7편과 4.3편에 불과했다.

구공산권 영화의 빈자리를 대신한다. 그야말로 세계화된다.

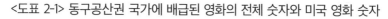

<도표 2-1> 동구공산권 국가에 배급된 영화의 전체 숫자와 미국 영화 숫자

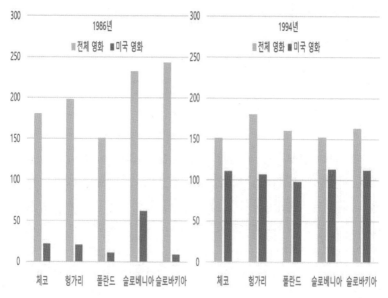

세계화는 미국 영화산업에 기회만 주지 않는다. 다른 모든 나라와 마찬가지로 위기도 초래된다. 동유럽 영화시장을 장악함으로써 미국 영화산업은 최초로 전지구적인 수직적 통합 체계를 구축한다. 그러나 다른 한편 자국 내 영화산업은 전지구적인 각축장으로 변해간다. 1989년 언론사 타임과 영화사 워너가 합병한다. 1989년 소니는 콜롬비아 영화사를 합병한다. 1990년 마쓰시다전기(松下電氣)는 MCA와 유니버설 스튜디오를 인수한다. 국가 간 장벽이 허물어진 데 이어서 업종 간 장벽도 허물어지면서 영화시장은 다국적기업의 실험과 전지구적 경쟁의 장으로 탈바꿈한다. 할리우드 영화사들이 미국 내에서 외국계 회사에 인수될 동안 할리우드 영화사들은 한국·영국·프랑스·오스트레일리아·독일·스페인·소련 등 해외에 극

장을 직접 설립해서 미국 영화를 상영하기 시작한다. 독점금지법으로 불가능해진 미국 내 수직적 통합 대신에 전지구적인 수직적 통합으로 또 다른 활로를 찾아 나선다. 미국 대형영화사들은 반독점법으로 말미암아 미국 영화시장을 독점할 수 없었다. 대신 전 세계 영화시장을 사실상 독점한다.

저항하는 랩퍼와 규제하는 뉴 라이트

레이건이 신보수주의 연합을 결성한 1980년대의 미국 대중음악은 사이키델릭 록·뉴 웨이브·랩 등 새로운 장르의 음악들이 꽃을 피우면서 새로운 전기를 맞는다. 특히 랩(rap)은 뉴욕시 브롱스(Bronx)에 국한된 가난한 흑인음악에서 주류의 음악으로 발돋움한다. 뉴웨이브는 비틀즈·롤링 스톤즈 등으로 대표되는 브리티시 인베이전(British invasion)[4] 이후로 영국에 빼앗겼던 대중음악의 주도권을 되찾아 온다.

랩은 1970년대에 아프리카계 미국인의 문화복합물인 힙합의 일부로 시작한 음악이다.(Starr & Waterman, 2007: 82-87) 즉, 그라피티·브레이크댄스 등과 함께 힙합을 구성한 부분이었다. 오늘날 랩 음악 제작자에 해당하는 디스코 디제이(DJ, disc jockey)의 믹싱(mixing)·스크래칭(scratching) 등 기법과 랩퍼에 해당하는 엠씨(MC, master of

---

4) 1960년대 초중반 미국 대중음악 차트를 석권한 영국 그룹사운드를 지칭하는 말이다. 1950년대 말 런던과 리버풀을 중심으로 스키플(skiffle)에 영향을 받고 록앤롤과 알앤비에서 영감을 얻은 영국의 풀뿌리 대중음악이다. 가장 중요한 연주자는 비틀즈였으며, 이들의 성공을 뒤 이어 데이브 클라크 파이브(The Dave Clark Five)·게리(Gerry)·페이스메이커(The Pacemaker)·롤링 스톤즈(Rolling Stones) 등이 계속적으로 성공을 이어갔다. 알앤비와 걸그룹에 밀리기는 했지만 미국의 가라지 밴드(garage band)와 파워 팝(power pop)이 등장하는데 일조했다(Shuker, 1998: 34-35).

ceremonies)의 토스팅(toasting)이 브롱스의 독특한 흑인문화와 결합하면서 랩이 등장한다. 가난한 흑인들만의 여흥음악에서 새로운 대중음악으로 그 가능성을 인정받게 된 계기를 만든 해는 1979년이다. 슈거힐 갱(Sugarhill Gang)이 부른 '랩퍼스 딜라이트'(Rapper's Delight)가 의외의 성공을 거둔 것이다. 빌보드 팝차트(Billboard Hot 100) 36위에 오르고, 알앤비차트(R&B) 4위에 오른다. 랩이라는 새로운 음악이 있다는 것을 미국과 전 세계에 알린다. 랩퍼라는 말도 덩달아 유행한다. 랩퍼스 딜라이트의 성공에 힘입어 밀리언셀러 랩 싱글이 연이어서 나온다. 가난한 흑인들의 동네음악이 미국 전역을 뜨겁게 달구는 대중음악으로 발전한 것이다. 커티스 블로우(Kurtis Blow)의 '더 브레이크스'(The Breaks), 아프리카 밤바타 앤 소울 소닉 포스(Africa Bambaataa and the Soul Sonic Force)의 '플레닛 록'(Planet Rock) 그리고 그랜드마스터 플래시 앤 퓨리어스 파이브(Grnadmaster Flash and the Furious Five)의 '더 메시지'(The Message) 등이 바로 그 랩 음악이다. 특히 더 메시지는 케이알에스-원(KRS-One)·퍼블릭 에너미(Public Enemy) 등의 '정치 랩'(political rap)과 엔더블유에이-원(N.W.A.-One)·수눕 도기 독(Snoop Doggy Dogg)·투팍 사커(2Pac Shakur) 등 로스앤젤레스 엠씨들의 '갱스타 랩'(gangsta rap)은 랩 음악 전체 흐름을 미리 보여주면서 주목을 받는다. 그랜드마스터 플래시 앤 퓨리어스 파이브는 쿨 허크(Kool Herc)가 개발한 믹싱기법을 더욱 세련되게 발전시킨다. 지난 2007년 3월에는 힙합 뮤지션 최초로 로큰롤 명예의 전당에 이름을 올린다.

그럼에도 불구하고 랩음악의 결정적인 전기를 형성한 것은 엠씨 해머(M. C. Hammer)다. 우리에게는 해머바지를 입고 말춤을 추면서 부른 'U Can't Touch This'라는 곡으로 잘 알려져 있다. 지난 2012년 아메리칸 뮤직 어워드(American Music Award) 시상식에서 싸이(Psy)와 함께 '강남스타일'과 'Too Legit to Quit'를 리믹스 한 곡을 불러서 더욱 친근한 랩퍼다. 1990년에 발매한 〈Please Hammer, Don't 'Em〉 앨범은 무려 21주 동안 빌보드차트 1위를 기록한다. 미국에서만 1,000만 장 이상의 판매고를 올린다. 전세계적으로 5,000만 장 이상 판매한 힙합앨범이다. 랩을 독립된 장르의 음악으로 만드는데 결정적인 기여를 한다. 동시에 엠씨 해머는 랩을 미국 내 주류 음악 중 하나로 올려놓는다. '팝 랩'(pop rap)의 선구자가 된다.

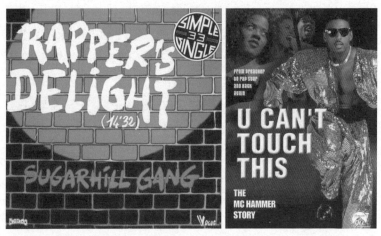

슈가힐 갱의 싱글앨범 래퍼스 딜라이트(1979) 자켓 사진(왼쪽)과 해머바지(Hammer Pants)를 입고 춤을 추는 엠씨 해머의 사진(오른쪽). 1989년 싱글로 출시되어 공전의 히트를 기록한 'U Can't Touch This'(빌보드 팝차트 8위)가 수록된 1990년 세 번째 앨범(<Please Hammer, Don't Hurt 'Em>, 1990)은 힙합 역사상 최초로 다이아몬드 힙합 앨범(Diamond Hip Hop Album)이라는 대기록을 수립했으며, 힙합을 주류 음악의 반열에 올려놓았다. 노래와 함께 뮤직비디오에 등장한 춤과 해머바지도 같이 유행했다.

　　그러나 역시 랩의 존재는 아프리카계　미국 흑인의 정체성과 밀접한 관련이 있다. 뉴욕의 게토 브롱스에서 출발했다는 것과 흑인 음악이라는 점 그리고 신보수주의 시대에 꽃을 피운 음악이라는 사실 등은 랩을 출발점에서부터 대립구도로 몰아넣는다. 즉, 랩은 부유한 백인 중산층과 대립각을 세운 가난한 흑인음악이다. 1982년 발매한 그랜드마스터 플래시 앤 퓨리어스 파이브의 '더 메시지'는 "이미 벼랑 끝에서 매일 매일 추락하는 정글 같은 삶을 살고 있는 가난한 흑인을 더 이상 밀어붙이지 말라"고 노래한다.[5] 게토의 암울한 삶과 엠씨 멜(Melle Mel)의 무표정하고 냉소적인 웃음이 반복된다. 곡 후반에 접어들면서 길거리에서 모였다는 이유만으로 퓨리어스 파이브와 디제이 그리고 엠씨가 경찰에게 체포된다. 가난하게 태어나서 가난하게 살아갈 수밖에 없는 사우스 브롱스(the South Bronx) 어린이의 차가운 모습이 교차한다. 그리고 뮤직 비디오의 영상은 검게 사라진다.

왼쪽은 그랜드마스터 플래시 앤 퓨리어스 파이브의 1982년 싱글 <The Message> 앨범 자켓. 이 앨범을 발표함으로써 사회실재론이라는 랩의 트렌드를 수립했다. 오른쪽은 퍼블릭 에너미의 두 번째 앨범(<It Takes a Nation of Millions to Hold Us Back>, 1988) 자켓. 이 앨범에 백인이 매스 미디어를 장악하고 있는 것을 비판한 'Don't Believe Hype'가 수록되어 있다.

1982년 힙합문화와 정치적 행동주의에 영향을 받은 대학생들이 뭉쳐서 퍼블릭 에너미(Public Enemy)를 결성한다. 이들이 부른 랩은 도시 흑인공동체에서 자연스럽게 터득한 삶을 노래한다. 사회참여의 필요성을 역설한다. 퍼블릭 에너미는 두 번째 앨범(<It Takes a Nation of Millions to Hold Us Back>, 1988)에 수록한 곡 'Don't Believe the

---

5) It's like a jungle sometimes, makes me wonder how I keep from goin' under 》》》 Don't push me 'cause I'm close to the edge. I'm tryin' not to lose my head. Ah huh huh huh huh.

Hype'에서 대중매체를 장악하고 있는 백인을 비판한다. 백인들이 장악하고 있는 대중매체에서 쏟아져 나오는 광고와 토크쇼에서 하는 말에 현혹되지 말라고 노래한다.(Starr & Waterman, 2007: 87~80)

드디어 뉴 라이트의 반격이 시작된다. 1980년대 중반을 전후해서 대중음악에 대한 검열제도 도입 운동을 벌인다. 소위 "반록 친검열 캠페인"(anti-rock, pro-censorship campaign)이다. 미국 내 보수주의자들은 진작부터 가족이라는 신성한 가치를 파괴한 주범으로 청년문화와 록 음악을 지목했다. 1980년대 뉴 라이트는 가난한 흑인동네 여흥음악에서 대중음악으로 성장하고 있는 랩과 한판 승부를 벌인다.(Shuker, 2001: 223~226) 1985년 '음악감시센터'(PMRC, the Parent's Music Resource Center)를 설립하고 본격적인 캠페인에 돌입한다. 센터를 주도한 사람들은 정치일번지 워싱턴 국회의원 부인들이다. 대중음악 보고서(Rock Music Report)를 발간하고 반항·약물남용·노골적인 섹스·허무주의적 폭력· 주술 등 랩 음악의 다섯 가지 주제를 비판하면서 캠페인을 시작한다. 상·하 양원 국회의원 부인들은 영화 검열제도와 유사한 대중음악 검열제도 체계 정비를 목표로 했다.

먼저 1985년 상원 상업위원회(US Senate Commerce Committee)에서 대중음악 청문회를 열고 업계의 자율적인 검열제도 정비를 유도한다. '미국대중음악산업협회'(The Record Industry Association of America)는 발 빠르게 움직인다. 노골적인 가사를 포함하고 있는 음반에 대한 검열 라벨을 자켓에 부착하는 제도를 도입한 것이다. 다음으로 소송을 벌인다. 1985년 발매된 데드 케네디(Dead Kennedys)의 앨범 〈프랑켄크라이스트〉(Frankenchrist) 자켓 내지로 삽입해 넣은 스위스 초현실주의 예술가 기거(H. R. Giger)의 작품 '페니스풍경'(Penis Landscape)을 걸고넘어진다. 1986년 음란물 신고를 받고 출동한 경찰은 앨범을 발매한 음반사를 압수수색한다. 아무런 증거를 발견하지 못한다. 1987년 2주간 계속된 재판에서 배심원 7:5의 평결과 재판부의 미결정심리로 사실상 승소한다. 검열 반대와 표현의 자유를 쟁취한 것이다. 그러나 정작 데드 케네디는 재판과정에서 해체된다. 데드 케네디는 정치 랩을 통하여 레이건 행정부의 외교정책과 캘리포니아 주지사 제리 브라운(Jerry Brown)의 교육정책 등을 비판했었다.

 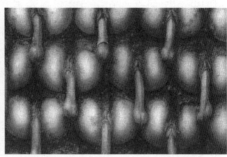

데드 케네디의 앨범 <프랑켄크라이스트>의 자켓(왼쪽)과 앨범 간지로 삽입한 스위스 초현실주의 예술가 제리 브라운의 작품 '페니스풍경'(오른쪽)

　뉴 라이트의 공격은 여기에서 그치지 않았다. 이번에는 투 라이브 크루(2 Live Crew)의 앨범 〈As Nasty as They Want to Be〉(1989)에 문제를 제기한다. '미국가족협회'(The American Family Association)는 음악감시센터의 권고를 받아들여서 미국대중음악산업협회가 시행하고 있는 자율규제만으로는 외설적인 대중음악으로부터 자녀를 보호하기에 역부족이라고 생각한다. 미국가족협회 회원이었던 플로리다 주법원 그로스만(Mel Grossman) 판사는 앨범 자켓에 경고 스티커 한 장 붙이는 정도로는 안될 정도로 외설적이라고 판단한다. 투 라이브 크로의 앨범을 외설물로 판결한다. 투 라이브 크루의 랩퍼 캠벨(Luther Campbell)은 "노래 가사에 신경 쓸 것이 아니라 기아와 빈곤에 관심을 가져야 한다"[6]고 역설했지만 아무런 소용없었다. 미국

6) People should focus in issues relating to hunger and poverty rather than on the lyrical content of their music (http://en.wikipedia.org/wiki/2_Live_Crew).

역사상 초유의 사태다. 이 판결에 따라 경찰은 음반을 판매한 음반 가게 주인을 암행조사해서 구속한다. 나이트클럽에서 공연을 한 투 라이브 크루의 멤버 중 3명도 구속한다.(Shuker, 2001: 226-227) 1992년 대법원은 "투 라이브 크루의 음반이 신성침해 혐의를 받고 있기는 하지만 아프리카계 미국인의 언어와 문학에 뿌리를 두고 있는 중요한 전통으로서 보존해야 할 가치가 있다"는 요지로 상고를 기각함으로써 사태는 일단락된다.

투 라이브 크루는 극단적으로 정치적인 앨범 〈Banned in the USA〉(미국에서는 금지곡)를 후속 앨범으로 발매함으로써 외설은 정치로 비화된다. 앨범명과 동일한 제목의 타이틀곡 '미국에서는 금지곡'에서 루크(Luke)[7]는 "중국도 아니고 러시아도 아닌 자유의 땅 미국에서는 금지곡"이라는 가사를 1964년 마틴 루터 킹 목사의 흑인 민권운동 자유의 행진 영상과 그 캐치 프레이즈였던 '우리 승리하리라'(We shall overcome) 영상에 실어서 랩핑한다. 앨범의 다섯 번째 곡 '빌어먹을 마르티네즈'(Fuck Martinez)는 외설물 판결을 유도했던 플로리다 주지사 봅 마르티네즈(Bob Martinez)를 비꼬아서 만든 랩이다. 라이브 공연에 모인 흑인들은 빌어먹을 나바로(Fuck Navarro)라고 개사해서 부른다. 플로리다 주 브로워드 카운티(Broward County)의 보안관 닉 나바로(Nick Navarro)가 외설물 판매 혐의로 음반 가게 주인을 체포한 것에 대한 항의다. 역설적이게도 이 사건 때문에 음반은 더욱 많이 알려진다. 홍보에 덕을 보면서 빌보드차트 29위를 기록한다. 알앤비차트(R&B/Hip-Hop) 3위에 오른다. 200만 장 이상 판매고를 기록한다.

---

7) 재판 이후 루터 캠벨은 자신의 예명을 루크로 바꿨다.

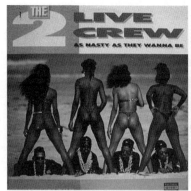

투 라이브 크루의 세 번째 앨범(왼쪽)과 네 번째 앨범(오른쪽). 뉴 라이트의 압력으로 미국대중 음악산업협회가 도입한 스티커 부착제도에 따라 우측 하단에 노골적인 가사를 포함하고 있음을 알리는 스티커가 부착되어 있다.

　　요컨대 뉴 라이트의 등장과 함께 본격화된 문화전쟁은 영화뿐만 아니라 대중음악에서도 재현되었다. 폭력과 섹스 그리고 안티 기독교로 도배가 되어 있는 대중음악은 부르주아 사회의 가치와 이해를 침해한다. 미국을 도덕적 공황상태에 빠뜨리고 있다. 대중음악을 규제함으로써 정신적 공황상태에 빠져있는 미국 청소년들을 구출해야 한다. 각종 신사회운동 세력에게 빼앗긴 문화주도권을 되찾아야 한다. 따라서 뉴 라이트는 대중음악의 배급과 유통 등 표현의 자유를 진척시키기보다는 허용할 수 있는 문화적 자유의 범위를 제한하는 데에 골몰했다. 규제에 대한 논의가 본격화되면서 문화는 권력투쟁과 정치의 장으로 변질된다. 이런 분위기 속에서 정부의 직접적인 규제를 두려워한 미국의 대중음악 업계는 자율규제라는 이름으로 뉴 라이트의 '반록-친검열' 대중음악 규제캠페인에 대항하기 시작한다.(Grossberg, 1992: 162; Shuker, 2001: 226-230) 뉴 라이트는 각종 규제를 철폐함으로써 경제행위자들의 이윤추구 동기를 자극하여 경제에 활력을 불어넣고자 했다. 그런데 대중음악에 대해서는 오히려 더 규제하려고 들면서 자기모순에 빠진다.

그럼에도 불구하고 1980년대 미국 대중음악에서는 랩을 비롯한 새로운 장르의 혁신이 일어났고 미국 대중음악산업은 전지구적인 성공을 구가한다. 뉴 라이트가 규제를 시도한 의도와 달리 주류 백인 중산층 문화에 도전하는 대중음악은 더욱 빠르게 퍼져나간다. 누르려고 들면 들수록 더욱 강하게 튀어 올라서 지구 끝까지 퍼져나간 것이다. 의도한 행위의 의도하지 않은 결과이기는 하지만, 뉴 라이트는 역설적으로 새로운 장르의 형성과 발전에 기여한다. 뉴 라이트가 규제하려고 했기 때문에 랩은 더욱 언론의 조명을 받는다. 뉴 라이트가 규제하지 않았다면 1980년대 미국 대중음악의 혁신도 없었을지 모른다.

케이블 텔레비전과 소비주의의 최후 승리

뉴욕 디자인박람회를 개최한 1939년 4월 30일은 미국 텔레비전이 탄생한 날이다. 낮 12시 개막연설을 하는 루즈벨트 대통령의 모습을 NBC가 중계방송한 것이다. 당시 뉴욕시에 보급되어 있었던 200여 대의 텔레비전과 박람회장에 설치된 12대의 특수 텔레비전을 통해 생생하게 방송한다. 루즈벨트 대통령은 '미국 텔레비전의 아버지'가 된다. 이후로 급속하게 성장할 것으로 기대되었으나, 그해 9월 제2차 세계대전이 발발하고 1941년 12월 7일에는 일본이 진주만을 폭격하면서 상황은 급반전된다. 미국 내 텔레비전 방송국 건설이 모두 중단되고 텔레비전 방송시간도 단축된다. 1945년 9월 2일 제2차 세계대전이 종전되고 난 후 10월 8일 미국 정부가 텔레비전 방송국 건설과 텔레비전 수상기 제조에 대한 금지령을 해제한다. 다시 급성장하기 시작한다.

그러나 방송국이 급증하면서 전파 중복현상이 나타난다. 연방통신위원회(FCC, Federal Communication Commission)가 1948년 9월 방송국 신규허가 동결조치를 취함으로써 또 다시 주춤한다. 3년 5개월간에 걸친 연구를 끝낸 연방통신위원회가 1952년 4월 동결조치를 해제한다. 해제를 발표한 지 3개월도 되지 않아서 방송국 설립신청 건수가 600건을 넘는다. 미국 텔레비전은 또 다시 성장의 전기를 맞는다.(강준만, 1997: 31~82)[8]

　　이후 각종 신기술 개발을 계속 이어나감으로써 각종 방송의 장벽을 극복한다. 텔레비전 방송은 급성장을 계속한다. 1951년 9월에는 미국의 동부와 서부를 연결하는 동축케이블을 개통한다. 텔레비전 생방송의 전국방송비율이 45%에서 95%로 크게 개선되는 결정적 전기다. 라디오에 이어서 텔레비전이 미국 국민이라는 단일 정체성 형성의 소임을 다한다. 컬러텔레비전 방송도 급성장의 추가적인 동력을 제공한다. 1953년 12월 연방통신위원회는 여러 해를 끌어오던 컬러텔레비전 방식문제를 RCA-NTSC 방식으로 최종 결정한다. 방송사들이 대형 쇼를 적극적으로 편성한다. 시청자는 더 화려한 볼거리에 매료된다. 텔레비전에서 눈을 떼지 못한다. 위성을 정지궤도에 쏘아 올린 기술적 진보 역시 텔레비전의 급성장에 기여한다. 1962년 7월에는 미국항공우주국에서 텔레비전 전파를 중계할 수 있는 텔스타 1호(Telstar I) 위성을 쏘아 올리는데 성공한다. 미국-영국-프랑스 등 3개국을 연결하는 3원 생방송을 실시한다. 1964년 8월에는 신콤 3호(Syncom III) 위성을 궤도에 안착시킴으로써 동경올림픽을 미국 전역에 생중계한다.

　　그러나 정말로 큰 변화를 가져온 텔레비전 기술은 1965년 소니(SONY)가 출시한 터미 텔레비전(Tummy Television)이다. 이 5인치짜리

---

8) 이하 미국 텔레비전의 역사에 대한 논의는 강준만 1997: 21~94를 주로 참고하였다.

텔레비전으로 말미암아 텔레비전은 개인적인 엔터테인먼트 용품으로 변신한다. 이제 텔레비전은 부엌이나 침실로 가지고 들어갈 수 있게 된다. 아내는 식사를 준비하면서도 텔레비전을 본다. 남편은 침대옆자리에서 잠든 아내를 깨우지 않고도 텔레비전을 본다. 이제 가족들은 똑같은 프로그램을 볼 때조차도 함께 모일 필요가 없다.(Cross, 2000: 183~184)

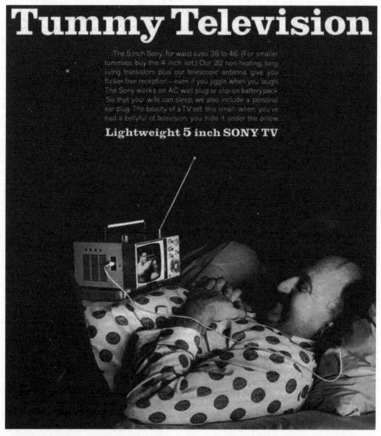

1965년 미국 시장에 출시되어 선풍적 인기를 끈 소니사의 터미 텔레비전 광고. 돌아누운 아내는 잠들어 있고, 남편은 텔레비전을 배 위에 올려놓고 이어폰을 낀 채로 시청하고 있다. 이제 텔레비전은 온 가족이 함께 시청하는 가족용 엔터테인먼트 장비가 아니라 혼자서 즐기는 개인용 엔터테인먼트 장비가 되었다.

1961년에는 텔레비전 주시청시간대에 영화를 상영하면서 텔레비전과 영화가 서로 윈윈하는 새로운 해법도 발견한다. 1966년 9월 〈콰이강의 다리〉가 60%라는 경이적인 시청률을 기록하면서 그 이전까지는 방송하지 않았던 대형영화도 방영하기 시작한다. 아예 영화사들이 텔레비전용 영화를 제작·방영하기 위해 방송사와 공생관계를 형성한다. 이리하여 텔레비전이 등장하면서 떨어져나갔던 관객도 다시 극장을 찾는다. 영화가 텔레비전을 통해 방송하면서 벌어들인 돈을 영화에 재투자함으로써 양자 간에 공생관계도 형성한다.

텔레비전의 급성장과 폭발적인 성공에도 불구하고 텔레비전에 대한 규제 논의는 늘 뜨거운 사회문제로 남았다. 1974년 9월 10일 NBC를 통해 텔레비전 영화 〈Born Innocent〉를 방영한 4일 뒤 7세 여아와 그녀의 친구가 강간을 당하는 모방범죄가 발생한다. 피해 어린이의 부모가 NBC를 상대로 소송을 제기한다. 선정적이고 폭력적인 텔레비전 프로그램에 대한 규제 문제를 본격적으로 논의한다. 같은 해 12월 CBS 사장 아더 테일러(Arthur Taylor)는 저녁 7시부터 9시 사이에는 모든 가족이 시청하기에 적합한 프로그램을 방송하자는 '가족시청시간제'(family viewing time)를 제안함으로써 업계 자율에 의한 규제로 일단락되는 듯했다. 그러나 가족시청시간제로 타격을 받은 독립제작자들이 가족시청시간제를 법정으로 끌고 감으로써 텔레비전 프로그램에 대한 규제 문제는 새로운 국면을 맞는다. 1976년 11월 퍼거슨(Warren Ferguson) 판사는 한편으로 연방통신위원회와 방송사들이 수정헌법 제1조[9]를 침해했다고 판결한다. 다른 한

---

9) 이성적이고 합리적인 존재인 인간은 의사를 표현하고 주장을 청취하면서 자유로이 판단할 수 있는 권리와 자격을 지니고 있다는 '사상의 자유시장'(free market place of ideas) 이념에 기초하고 있는 미국 헌법 조항을 말한다. 종교의 자유와 언론 및 출판의 자유와 같은 양심의 권리들과ㅏ 평화로운 집회 및 청원의 권리들을 보장한 수정헌법 제1조는 "의회는 종교의 설립에 관한 또는 표현의 자유나 출판의 자유를 제한하는 어떤 법률도 제정할 수 없다"(Congress shall make no law respecting an establishment of religion, or prohibiting

편 가족시청시간제를 인정하고 정부에 대해서는 프로그램편성에 개입하지 말라고 경고함으로써 재판을 종결한다. 가족시청시간제를 취소하라고 판결하지 않은 것은 80% 넘는 국민적 지지를 받는 제도를 존중한 것이다. 그럼에도 불구하고 정부에 대해서 경고한 것은 업계의 자율규제라는 미국적 관행을 존중한 것이다.

1981년 1월 20일 레이건 대통령이 신자유주의와 작은 정부를 주창한 취임연설은 방송에 대한 규제철폐를 의미하는 것이었다. 즉, 탈규제를 통해 방송에 대한 규제 논의에 종지부를 찍겠다는 선언이다. 레이건은 연방통신위원회(FCC) 위원장으로 보수적인 행동가였던 파울러(Mark Fowler)를 임명함으로써 방송규제철폐를 실행에 옮기도록 한다. 파울러는 대학방송국 아나운서 시절 공익메시지 방송에 대해서 분개했던 경험이 있는데다가 변호사 시절에는 연방통신위원회의 규제에 맞서 방송사의 권익을 방어하는 전문변호사로 활동했다.(Cross, 2000: 203-204) 연방통신위원회의 규제에 반대했었기 때문에 철폐해야 할 규제가 어떤 것인지에 대해서 가장 잘 알고 있었다. 연방통신위원회 위원장에 임명되자마자 가다렸다는 듯 방송규제를 철폐하기 시작한다. 1983년 파울러는 텔레비전 방송국 확증제(ascertainment)를 폐지한다.[10] 1984년에는 방송국 복수소유 상한선을 7-7-7에서 12-12-12로 완화한다.[11] 방송국 소유 3년 이내 매각을 금지한 방송법 조항도 삭제한다. 방송국도 마치 물건처럼 팔고 살 수 있게 한지 불과 1년만인 1985년에 소유권이 이전된 방송국

---

the free exercise thereof; or abridging the freedom of speech, or of the press; or the right of the people peaceably to assemble, and to petition the government for a redress of grievances) 고 적시하고 있다(http://timeline.britannica.co.kr).

10) 방송사업자가 해당 지역의 필요와 문제가 무엇인지를 체계적으로 조사하여 그에 상응하는 방송을 해야 한다는 공익적 의무를 규정한 것이다.

11) 시장점유율을 24% 이상 초과하지 않는 범위에서 AM·FM·텔레비전 방송국 등을 각각 7개까지 소유할 수 있었던 것을 각각 12개로 상향조정한 규제완화조치를 말한다.

은 185개, 방송국 이전 거래 대금은 300억 달러에 이른다. 결과적으로 상위 5개 방송사가 전체 이전 거래 방송국의 절반 이상을 차지함으로써 방송국의 양극화가 진행된다. 상위 방송사는 더욱 커지고 하위 방송사는 생존을 위협받는다.

다른 한편 방송 규제철폐는 다채널 시대를 앞당김으로써 전 국민을 대상으로 방송하는 '브로드 캐스팅'(broadcasting) 시대에 종말을 고한다. 세분화된 목표고객에게만 방송하는 '내로우 캐스팅'(narrowcating)으로 전환된다.(Cross, 2000: 225~228) 십대 청소년을 목표 고객으로 한 음악방송 MTV가 1981년 개국한데 이어 1984년에는 어린이방송 니켈로데온(Nickelodeon)이 케이블 방송망을 타고 안방으로 들어간다. 성인 여성들은 라이프타임 텔레비전(Lifetime Television))에서 연속극·영화·시트콤 등을 시청한다. 스포츠 애호가들은 ESPN을 시청한다. 이에 따라 공중파 방송의 시장점유율은 떨어지고 케이블 방송 가입자는 급증한다. 실제로 1980년대에만 3,302만 명이 신규로 케이블 텔레비전에 가입한다. 이 숫자는 지금도 전체 가입자 숫자의 절반 이상을 차지한다.[12] 1930년대 라디오는 미국인이라는 단일 국민정체성을 형성했다면, 1980년대 텔레비전은 미국인을 어린이·청소년·주부·노인 등으로 세분화했다. 무수하게 많은 케이블 방송사와 케이블 방송을 시청하는 시청자의 다양한 요구(needs)만큼 미국 국민들을 잘게 쪼갰다.(Turow, 1997: 1~7)

---

[12] 1980년 케이블 텔레비전 가입자는 1,750만 명이었으나, 불과 5년 후인 1985년에는 약 1,800만 명이 증가한 3,540만 명으로 급증하였고, 1990년에는 또 다시 약 1,500만 명이 증가해서 5,052만 명으로 늘어났다. 1995년 또 다시 약 1,000만 명이 추가로 가입해서 6,055만 명을 기록한 한 이후로 케이블 텔레비전은 6,000만 명대의 가입자로 안정기에 들어섰다. 2010년 현재 미국 케이블 텔레비전 가입자 숫자는 6,095만 명이다(U.S. Department of Commerce, 1983: 560; 2012: 717).

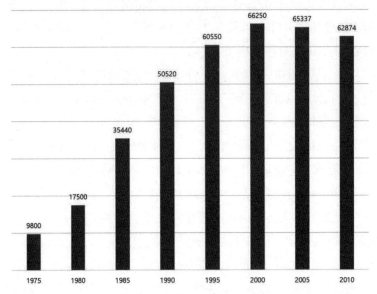

케이블 텔레비전 가입자 숫자(단위:1,000명)

66250
65337
62874
60550
50520
35440
17500
9800

1975   1980   1985   1990   1995   2000   2005   2010

출처 : U.S. Department of Commerce, 2011: 717

　레이건 연합을 구성한 신보수주의자들이 단행한 방송 규제철폐
로 일어난 가장 중요한 변화는 텔레비전의 상업화와 소비주의의 확
산이다. 미국에서 방송은 항상 공익보다 시장논리가 우선한 것이
사실이다. 그럼에도 불구하고 가정·교회·학교 등은 시장이 침투해
들어가서는 안되는 성역이라고 생각했다. 그러나 이런 생각은 1980
년 이전으로 국한된다. 방송 규제철폐와 함께 무엇이 엔터테인먼트
이고 무엇이 광고인지를 구분하기 힘들어진다. 텔레비전을 통해 쏟
아져 들어오는 광고의 홍수 속에서 가정은 상점을 방불케 한다. 광
고를 엔터테인먼트에 실어서 가정으로 들어가는 것과 함께 광고 그
자체를 엔터테인먼트로 만든다. 1981년 로웰 팍슨(Lowell Paxson)이
홈쇼핑방송(Home Shopping Network)을 시작한 것이다. 이제 미국인들
은 광고만으로 이루어진 방송도 시청하기 시작한다. 1993년 홈쇼

레이건 정부가 각종 방송 규제를 철폐하면서 케이블 방송이 증가하고 케이블 방송의 가입자 숫자도 폭발적으로 늘어났다. 방송시장이 공중파와 케이블로 양분되면서, 공중파 방송은 전 국민을 대상으로 브로드캐스팅하고 케이블 방송은 세분화된 시청자를 대상으로 내로우캐스팅했다. 케이블 텔레비전 라이프타임(왼쪽)은 중년 여성을 대상으로 연속극과 영화를 주로 송출했고, 홈쇼핑네트워크(오른쪽)는 24시간 광고 방송을 내보냈다.

핑방송의 매출은 22억 달러를 기록한다.

　　방송 규제철폐는 어린이 프로그램도 광고로 만들어버렸다. 미키 마우스는 어린이들에게 인기를 얻고 난 뒤 미키 마우스를 캐릭터 상품으로 만들어서 판매한다. '프로그램 광고'(PLC, program-length commercial)는 더 이상 그렇게 긴 시간을 들일 필요가 없다. 어린이 프로그램 그 자체가 광고인 동시에 광고가 어린이 프로그램인 프로그램 광고를 시청한 어린이들은 텔레비전 프로그램에서 본 장난감을 산다. 바로 이 장난감이 판매 상위 10위를 석권한다. 어린이들의 놀이는 장난감 수집으로 바뀌어간다. 그러나 이것은 시작에 불과하다. 중고등학생들 교실도 시장으로 탈바꿈하기 시작한다. 1989년 제임스 휘틀(James Whittle)은 케이블 방송 채널 원(Channel One)을 설립하고 공립학교에 12분짜리 청소년 뉴스 프로그램을 제공한다. 5만 달러 상당의 방송장비 구매대금을 공립학교에 대출해 주고 2분 분량의 광고를 실어서 미국 전역 8,000개 학교 600만 명 10대 청소년들에게 뉴스를 방송한다. 1996년 약 40%의 미국 10대 청소년들이 교실에서 채널 원 뉴스를 시청한다. 그해 2,200만 명에 달하는 미국 청소년들은 휴가시즌에만 75억 달러를 소비한다.(Cross, 2000: 209~213; http://en.wikipedia.org/wiki/Channel_One_News)

레이건 행정부의 방송 규제철폐는 특히 청소년과 어린이에게 큰 영향을 미쳤다. 음악전문 케이블 텔레비전 엠티브이(왼쪽)는 주로 10대를 대상으로 대중음악을 방송했고, 채널 원(오른쪽)은 중고등학생을 대상으로 뉴스를 제공했으며, 니켈로데온은 어린이를 대상으로 주로 만화영화를 방송했다. 이처럼 케이블 텔레비전은 시청자를 잘게 나누어서 특정한 고객만을 위한 방송을 함으로써 텔레비전은 더 이상 국민정체성을 형성하고 유지하는 매체가 아니었다.

    레이건 연합을 구성한 신보수주의자들은 각종 방송규제를 철폐함으로서 개인주의와 시장을 강화한다. 한편으로 가족과 자기절제라는 미국적 가치를 복원하고, 다른 한편으로 1970년대 정부실패에 대한 대안으로서 시장의 복귀를 실행한다. 전통적 가치의 복원은 엔터테인먼트에서 문화전쟁으로 전면에 부상한다. 시장으로의 복귀는 신자유주의 경제정책으로 구현한다. 그럼에도 불구하고 실현된 것은 부강한 미국과 근면 성실한 미국인이 아니라 엔터테인먼트와 광고 간의 경계가 허물어진 소비사회의 도래였다. 의도와는 달리 학교 교실과 가정 거실마저도 시장바닥이 되어버렸다.

제3부

신경제 정보사회와 엔터테인먼트 재편

제5장

미국 자본주의 전환

- 신경제 정보사회 -

산업경제에서 정보경제로

1989년 12월 20일 미국은 파나마를 침공한다. 노리에가(Manuel Noriega)를 축출하고 친미 정권을 수립한다. 1991년 2월 28일 미국은 쿠웨이트를 침공한 이라크와 전쟁을 벌인다. 걸프전에서도 승리한 부시 행정부는 공산주의와 싸운 것이 아니다. 미국의 이익을 수호하기 위해 전쟁을 벌인 것이다.(Brinkley, 2011: 539-541) 1991년 12월 22일 러시아·우크라이나·벨로루시 등 3개국 정상들은 비밀회동을 갖고 소련을 독립국가연합으로 전환하는데 합의한다. 그러나 그로부터 불과 사흘 만인 1991년 12월 25일 최초의 러시아 대통령 고르바초프는 사임한다. 1991년 성탄절 오랜 냉전의 한 축을 떠받치고 있던 소련이 사라진다. 이념경쟁에서 승리한 미국은 사실상 유일 초강대국 지위를 확보한다. 성탄절에 일어난 사건이다. 바티칸공화국도 승전국 대열에 합류한다.

그러나 국내 문제는 심각했다. 레이건 대통령 당시 역대 최고 기록을 갈아치웠던 재정적자는 아버지 부시 행정부에서 또 다시 눈덩이처럼 불어난다. 로스앤젤레스 백인 경찰관들이 흑인 로드니 킹을 폭행하고도 무죄 판결을 받는다. 결국 폭동으로 번진다. 각종 규제를 철폐하고 민영화함으로써 작은 정부를 실현하여 세금을 삭감하겠다던 레이건 대통령은 세금인상을 단행했었다. '더 이상 세금은 없다'는 공약으로 당선된 부시 대통령도 결국 세금을 인상한다.

드디어 미국 경기는 본격적인 불황 국면에 접어든다. 유일 초강대국으로 올라서기는 했지만 경제에 발목을 잡힌다. 자본주의 사회는 이념이나 체제경쟁으로 승패가 갈리는 사회가 아니다. 체제경쟁 승패를 시장 상황으로 내릴 수밖에 없는 자본주의 사회 미국에서 또 다시 시장에 대한 불신이 도마에 오르기 시작한다. 더 큰 문제는 시장실패를 바로잡아야 할 정부를 신뢰하지 못한다는 것이다. 1930년대와 다른 상황이다. 어쩔 수 없이 시장의 능력을 다시 한 번 믿어야만 했다.(Yergin, 1999: 536) 신우파(New Right) 신자유주의 경제정책(Neoliberal Economic Policy)이다. 냉전에서 승리하기는 했지만 유일 초강대국 미국 시장은 제대로 작동하지 않았다. 이처럼 명암이 교차하는 상황에서 1990년대가 시작된다. 1992년 대통령 선거의 쟁점은 또 다시 경제로 귀결된다. 경제가 다시 한 번 도마 위에 오른 상황이 이러하다 보니 시장과 국가 어느 한 쪽을 선택할 수밖에 없었다.

바보, 문제는 경제라니까!

레이건 행정부와 아버지 부시 행정부의 12년간에 걸친 신우파 신자유자본주의는 1917년 볼셰비키 혁명과 함께 시작된 공산주의 진영과의 체제경쟁에서 승리하고 전 세계 유일 초강대국으로 부상하는 성과를 올린다. 그러나 더 이상 감당하기 힘든 재정적자와 세계 경제를 주도할 수 있는 신성장 동력 창출에 실패하면서 참담한 경제적 패배를 기록한다. 우파의 자유자본주의가 1930년대 대공황으로 막을 내린 것처럼 신우파의 신자유자본주의는 1980년대 말과 1990년대 초 활력을 상실한 미국 경제와 함께 그 막을 내린다. 경제적 패배는 결국 체제경쟁에서의 승리를 잠식해버리고 만다. 미국 국민은 병든 미국 경제를 대수술해 줄 대통령을 원한다.

이러한 국민적 열망은 알칸소 주 호프 시에서 온 정치신인을 주목하게 만들었다. 호프 시에서 '희망을 가지고 온 사람'(Man from Hope!) 빌 클린턴(Bill Clinton)이 독일에 추월당하고 일본 총리가 동정하는 지경에 이른 미국 경제에 대해서 일갈한다. "바보, 문제는 경제라니까!"[1](강준만, 2010: 92~95) 이변이 일어난다. 무명의 정치신인에게 나라를 맡긴다. 국가실패와 시장실패를 모두 겪고 또 다시 시장실패에 직면한 미국 국민은 제3의 인물이 제3의 정치와 제3의 경제운용을 해주기를 바란다.

이리하여 신진보주의(New Progressivism) 시대가 그 닻을 올린다. 첫 번째 진보주의의 시대는 20세기 초 급격한 산업화와 도시화에 대응하기 위해 중도좌파가 환골탈태하면서 시작했었다. 루즈벨트 대통령의 뉴딜정책으로 꽃을 피운 진보주의 시대는 국가와 노조 그리고 대기업의 협력에 기반 된 것이었다. 냉전이 종식되면서 그야말로 전지구적인 시장(global market)이 형성되고 지식경제가 확산되면서 경제를 운용하고 사회복지를 제공하는 국가의 능력에도 변화가 불가

---

1) 빌 클린턴의 대통령선거 텔레비전 광고의 제목이 "Man from Hope!"다 '희망을 주러 온 사람'이라는 뜻으로도 해석할 수 있고, '호프출신'이라고 해석할 수도 있다. 클린턴은 알칸소 주 호프 시 출신이다. "It's economy, stupid!"는 부시 대통령의 경제정책 실패를 꼬집은 선거슬로건이다.

피했다. 즉, 전통적인 방식으로 시장에 개입하면 관료제적 비효율성으로 시장의 역동성이 상실된다. 또한 시장의 보이지 않는 손을 믿고 맡겨놓으면 모든 나라가 자본의 탐욕에 희생자가 되고 만다. 지난 50년 동안 2가지 형태의 정치, 곧 좌파의 국가주의적 사회민주주의 정치와 우파의 자유시장 정치를 모두 실험했으나 결국은 피로물들고 말았다. 국가를 통한 해결책을 추구했던 뉴딜은 경제의 비효율성과 폭증하는 사회적 비용을 감당하지 못했다. 반면에 시장을 통한 해결책을 추구했던 신자유자본주의는 정부지출을 오히려 더 증가시켰으며 당연한 결과로 세금도 더 많이 걷어 들여야만 했다. 클린턴의 해법은 동등한 기회, 개인적 책임, 시민과 공동체의 활성화 등을 이룩하고자 하는 신진보주의, 즉 신민주당(the New Democrats)이었다.(Giddens, 2000: 1~7)

정보기술 신경제

신민주당은 신자유주의와 차별화되지만 유럽식 사회민주주의와도 차별화되는 제3의 길을 신경제(the New Economy)에서 찾는다. 자유자본주의와 복지자본주의 양자 모두와 구별되는 새로운 자본주의다. 1990년대 말에 이르러 세계경제는 세계화와 정보통신기술 혁명(the Informational Technology Revolution)으로 근본적인 구조변동을 겪는다.(Castells, 2003: 160-161) 신경제는 동구 공산권 국가의 붕괴 및 자본주의 사회로의 통합으로 인한 비즈니스의 세계화를 한 축으로 한다. 통신 및 컴퓨팅 기술을 결합한 정보통신기술 혁명을 다른 한 축으로 한다. 카스텔(Manuel Castells)은 신경제를 구경제, 즉 산업경제(industrial economy)와 구별되는 정보경제(informational economy)라고 지칭한다.(Castells, 2003: 77~162)

신경제를 구경제와 구분해서 보아야 하는 이유는 크게 세 가지로 나뉜다. 먼저 1990년대 중반 반도체 제조기술 혁신으로 제품주기가 2년으로 단축된다. 다음으로 인터넷의 급속한 확산으로 네트워크 컴퓨팅이 증가한다. 마지막으로 노동생산성이 급속하게 향상된다.(Pohjola, 2002: 133~135) 환언하면, 제품의 순환주기가 더욱 가속화된 데다가 동구공산권이 붕괴하면서 전 세계 시장이 단일 시장으로 통합되고 정보통신기술 혁명으로 비즈니스 역시 세계화된다. 국제경영이 아니라 세계경영이 가능해진다. 또한 노동생산성이 향상되어 추가적인 비용을 들이지 않고도 더 크고 더 빠른 시장에서 비즈니스를 한다.

<비농업부문 노동생산성 추이>

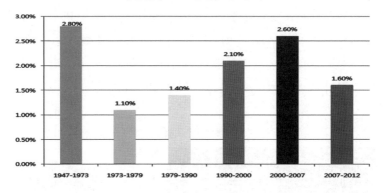

출처: Bureau of Labor Statistics

클린턴 행정부의 신민주당이 주도한 신경제가 본격적으로 경제에 영향을 미치기 시작한 것은 집권 3년째로 접어든 1995년부터다. 5월에 인터넷 민영화가 이루어지고 8월에는 웹브라우저 넷스케이프가 기업공개(강준만, 2010b: 22~28)를 하면서 1995년은 사실상 정보경제의 원년이 된다.(Castells, 2000: 45~51) 정보경제가 경제적 파급효과를 내기 위해서는 우선 네트워크가 있어야 하고, 다음으로 그 네트워크를 활용하여 정보를 쉽게 검색할 수 있는 시스템이 갖추어져야만 한다. 네트워크인 인터넷과 그 네트워크를 활용할 수 있는 시스템인 월드 와이드웹과 웹 브라우저가 있어야 한다는 말이다. 1995년 4월과 8월에 각각 민영화된 네트워크와 그 활용 시스템을 모두 갖춘다. 정보경제가 본격적으로 경제적 파급효과를 내기 시작한다. 1995년! 정보경제의 원년이 된다.

네트워크가 처음으로 가동에 들어간 것은 1969년 9월 1일 국방부가 아르파넷(ARPANET, Advanced Research Projects Agency Netwok)을 개통하여 가동에 들어가면서 부터였다. 아르파넷은 소련과 우주개발 경쟁을 하는 과정에서 우연히 만들어진 것이었다. 1957년 10월 4일 소련은 인류 역사상 최초의 위성 스푸트닉(Sputnik)을 지구 궤도 위에 안착시키는데 성공한다. 전 세계가 발칵 뒤집힌다. 미국은 충격에 휩싸인다. 이는 소련이 핵무기를 미국 본토까지 발사할 수 있는 대륙간탄도탄(ICBM)기술과도 관련이 있는데다가 우주개발 경쟁에서 소련이 한 발 앞섰다는 것을 증명한 것이기 때문이다.

<최초의 위성>

1957년 10월 4일 소련은 인류 역사상 최초로 위성 '스푸트닉'(왼쪽 사진)을 발사하여 지구 궤도 위에 올려놓는데 성공한다. 위기감을 느낀 미국은 이듬 해 1월 31일 서둘러서 위성 '익스플로러 1'(오른쪽 사진)을 정지궤도 위에 쏘아 올린다. 2월에는 국방부에 '아르파'를 설립하여 컴퓨터 네트워킹과 통신기술을 본격적으로 연구한다.(http://en.wikipedia.org/wiki/Stupnik_1) 1969년 9월 1일 핵공격에도 끄떡없는 통제센터도 필요 없는 최초의 컴퓨터 네트워크 '아르파넷'을 개통함으로써 소련과의 우주경쟁에서 한 발 앞서 나가기 시작한다.

국방부와 산학협력을 하고 있었던 캘리포니아대학교 로스앤젤레스 캠퍼스와 산타바바라 캠퍼스, 유타대학교, 스탠포드연구소 등 모두 4곳의 연구센터에 아르파넷을 개방한다. 그러나 군사용과 과학용이 뒤섞이면서 여러 가지 문제가 발생한다. 1983년 군사용 네트워크 밀넷(MILNET)을 아르파넷에서 분리한다. 국방부의 후원을 받아 국립과학재단(the National Science Foundation)이 운용하는 과학용 네트워크 씨에스넷(CSNET)과 아이비엠(IBM)과 협력하여 국립과학재단이 운영하는 비과학용 네트워크 비트넷(BITNET) 등 2개를 추가한다. 1980년대에 모두 4개로 증가한 네트워크를 국방부의 후원 아래 국립과학재단이 운용한다. 주력 네트워크의 역할은 여전히 아르파넷이 담당했다. 4개로 불어난 네트워크를 네트워킹한다는 뜻에서 아르파넷을 아르파-인터넷(ARPA-INTERNET)이라고 불렀고, 후에 간단하게 인터넷이라 부른다.

1970년대에 초당 56,000비트에서 1990년대 45,000,000비트로 네트워킹 속도가 빨라지면서 어느새 낡아버린 아르파넷은 1990년 2월 28일 폐쇄한다. 대신 엔에스에프넷(NSFNET)이 주력 네트워크 역할을 한다. 그러나 이마저도 1995년 4월 폐쇄함으로써 주력 네트워크 자체가 없어진다. 상업적 압력이 증가한 것과 민간기업과 비영리기구의 네트워크가 성장한 것이 주력 네트워크의 폐쇄를 초래한 것이다. 결국 인터넷은 민영화된다. 기술적으로나 문화적으로 자유로운 커뮤니케이션 미디어로 거듭난 것이다.(Castells, 2001; 45-45) 1995년까지 인터넷이 미국의 통제 하에서 군사와 과학 및 학문을 주목적으로 한 것이라면 1995년 민영화 이후로 인터넷은 더 이상 미국 정부가 통제하지 않는 주로 비즈니스를 목적으로 하는 형태로 전환된다.

정보경제의 원년을 이룬 또 하나의 성과는 4개월 뒤인 1995년 8월 9일에 일어난다. 넷스케이프가 기업공개를 한 것이다. 전 세계는 다시 한 번 인터넷에 주목한다. 이번에는 비즈니스라는 관점에서 인터넷을 바라본다. 인터넷은 더 이상 일부 전문가나 컴퓨터광을 위한 것이 아니었다. 닷컴기업들이 폭발적으로 증가하고 주가도 폭등하기 시작한다.(강준만, 2010b: 25~28) 네트워크의 민영화와 함께 넷스케이프의 기업공개는 인터넷 비즈니스의 가능성을 확인시켜 줌으로써 구경제가 신경제로 전환되었음을 알리는 신호탄 역할을 한다. 산업경제가 정보경제로 전환된 것이다.

인터넷이 비즈니스로 연결되는 정보경제가 탄생하기 위해서는 네트워크만으로는 부족하다. 일반인들이 인터넷을 쉽게 활용할 수 있는 시스템이 뒷받침되어야만 한다. 그래야만 네트워크를 활용한 비즈니스를 할 수 있기 때문이다. 즉, 비즈니스를 하자면 내다 팔 물건도 있어야 하지만 물건을 팔고 사는 시장과 그 시장에서 물건을 살 수 있는 소비자도 있어야 한다. 네트워크를 만들었다는 것은 인터넷이라는 시장이 만들어진 것이다. 이제 생산자와 소비자가 이 시장으로 몰려들어야 하는데, 그것을 가능하게 해 주는 것이 인터넷을 활용할 수 있는 시스템이다. 1990년 유럽입자물리연구소(CERN, the Centre Europeen pour Researche Nucleaire)의 연구원 버너스-리(Tim Berners-Lee)와 카이유와(Robert Cailliau)가 월드 화이드 웹(world wide web)을 만든다. 첫 번째 시스템이다. 이용자들이 원하는 정보를 쉽게 찾을 수 있도록 위치가 아닌 정보로 인터넷 사이트의 콘텐츠를 조직하는 기술이다. 인터넷이라는 시장으로 비즈니스맨과 소비자가 모일 수 있게 한 기술이다.

두 번째 시스템은 1994년 10월 넷스케이프가 출시한 넷스케이프 내비게이터(Netscape Navigator)다. 인터넷이라는 시장에 모여든 비즈니스맨과 소비자를 연결해 주는 역할을 하는 검색엔진이다. 이리하여 인터넷을 활용할 수 있는 시스템도 모두 구비된다. 인터넷을 대중화한 2차례의 시스템 기술도약으로 인터넷 비즈니스가 가능해진다. 실제로 작동할까? 넷스케이프 기업공개는 새로운 경제의 장이 열렸다는 것을 보여 준 일대 사건이다. 그래서 네스케이프가 기업공개 한 1995년 8월 9일은 정보경제의 원년이고, 따라서 신경제의 생일이다.

1995년부터 들썩이기 시작한 신경제는 1996년 클린턴 대통령이 두 번째로 당선되자 질주한다. 1997년 미국 실업률은 5% 밑으로 떨어지고 1997년 12월에는 4%로 떨어진다. 대호황을 기록한 1969년 이후 가장 낮은 실업률이다. 정보통신산업이 폭발적으로 성장한다. 임금이 올라가는데도 물가는 올라가지 않는다. 생산성이 향상된다. 1973년부터 1995년까지 생산성 증가율은 1.4%대로 떨어진다. 1995년부터 2000년까지 2.7%로 증가한다. 마이크로소프트 같은 정보통신 기업들이 엄청난 수익을 낸다. 미국인들은 저축을 줄이고 주식투자를 늘인다. 주식시장이 활성화된다. 정보통신 기업들은 주식을 발행하고 그 돈을 첨단기술 분야에 또 다시 투자한다.(Baker, 2012: 235-247)

1997년 정부 적자는 226억 달러로 국민총생산 대비 1%에 불과한 수준으로 떨어진다. 1993년 예상치의 1/10 수준이다. 클린턴이 집권하지 직전 1992년 적자는 2,900억 달러로 최고치를 경신했다. 1992년 국민총생산 대비 5% 규모였다. 유럽과 일본에서 일자리가 100만 개나 사라질 동안 미국에서는 1,200만 개나 새로 생겨난다. 자동차산업을 중심으로 한 제조업에서 소프트웨어산업과 엔터테인먼트산업을 비롯한 서비스산업으로 미국 경제의 중심축이 이동한다.(Yergin & Stanislaw, 1999: 547-554)

신민주당

1993년 대통령 선거에서 승리한 클린턴은 신민주당을 천명한다.

재정적자 삭감 계획을 천명한다. 전 국민 의료구호 시스템 구축도 천명한다. 두 마리 토끼를 한꺼번에 잡으려는 듯했다. 1994년 국민과의 계약(Contract with America)을 내세운 하원 공화당 원내총무 뉴트 깅리치(Newt Gingrich)는 선거에서 승리한다. 공화당은 기존 176석에서 54석을 보태서 230석을 차지하고 다수당이 된다. 상원에서도 8석을 추가한 52석을 차지함으로써 48석을 차지한 민주당을 누른다. 상하 양원에서 다수당이 되자마자 범죄 형량을 강화하고 항소를 제한하는 '지역치안강화법'(Taking Back Our Streets Act), 주가조작 혐의에 대한 소송을 제한하는 '증권민사소송개혁법'(U.S. Private Securities Litigation Reform Act), 가구당 복지혜택 수혜 기간을 엄격하게 제한하는 '개인적 책임과 노동기회법'(Personal Responsibility and Work Opportunity Act) 등을 통과시킨다.

뉴트 깅리치와 빌 클린턴은 7년 내에 균형예산을 달성하는 방법을 놓고 일대 격전을 벌인다. 깅리치는 세금 인상과 국방비 삭감에 반대한다. 대신 사회복지 예산을 감축함으로써 균형예산을 달성하고자 한다. 빌 클린턴은 사회복지 예산 증액을 주장한다. 세금 인상분에 국방비 삭감분을 더해서 균형예산을 실현하고자 하는 방안이다. 결전장은 의료보험이었다. 노인의료보험(Meidcare)과 저소득층 의료보장제도(Medicaid)를 놓고 깅리치와 클린턴은 전면전을 벌인다.

1995년 회계연도가 끝나는 10월 깅리치는 의료보험 예산을 삭감해서 균형예산을 달성해야 한다고 주장한다. 의료보험을 부분적으로 민영화하면 의료보험 예산을 절약할 수 있기 때문에 삭감해도 된다는 것이다. 의료보험 예산을 삭감해서 눈덩이처럼 불어난 재정적자를 메꾸되 의료보험 민영화를 통해 예산을 효율적으로 사용함으로써 의료서비스 공백을 미연에 막을 수 있다는 말이다. 반면 클린턴은 의료보험 예산을 삭감할 경우 대부분 공공서비스에 차질이 불가피하다고 주장하면서 승인을 거부한다. 민주당 하원의원들은 노인의료보험과 저소득층의료보장제도의 주된 수혜자인 노동자 및 노인층 유권자들과 연대해 의료 민영화 반대 캠페인을 주도한다. 미국 전역으로 확산된다. 깅리치의 주장처럼 재정적자 확대가 초래한 피해가 클지 아니면 클린턴이 주장한 공공서비스 기능 마비가 더 치명적일지를 두고 벌인 한 판 승부다.(Baker, 2012: 224-234)

1995년 12월 16일 미국 정부가 마비된다. 민주당 정부와 공화당 의회가 극단적으로 대립하면서 정부는 예산을 쓸 수 없었다. 전 세계 유일 초강대국 미국 정부 금고가 바닥난다. 대타협을 한다. 세금을 삭감하는 대신 예산 축소 폭도 줄인다. 서로 한 발짝씩 물러난 것이다. 그러나 노인의료보험과 저소득층 의료보장제도 예산 삭감안은 없던 일로 한다. 클린턴의 승리다. 1996년 대통령 선거 전에 열린 의회에서 최저임금 인상을 포함시킨다. 클린턴이 또 승리한 것이다.(Yergin & Stanislaw, 1999: 531-536) 대통령 선거 전초전에서 승리한 클린턴은 사실상 재선된 것이나 마찬가지였다.

클린턴은 무난하게 다시 대통령이 된다. 그러나 신민주당은 과거 민주당과 달랐다. 구민주당이 말하는 조세와 지출(tax and spend)은 조세와 과잉지출을 뜻하는 것이었다. 균형예산을 달성해야 한다. 루즈벨트는 사회정의에 강했지만 경쟁적인 시장을 형성하는 데에는 약했다. 레이건과 아버지 부시는 경쟁력에서 강했지만 사회정의에는 약했다.

클린턴은 사회정의와 시장경쟁을 동시에 고려하는 세금인상을 선택함으로써 균형예산을 달성한다. 세금을 더 많이 걷어 들인다고 해서 공공서비스가 더 좋아지는 것도 아니고 사회정의가 실현되는 것도 아니다. 사회정의와 경쟁적 시장경제를 조화시킬 방안을 모색한 뒤에 세금을 인상해야 한다.(Giddens, 2002: 20-23)

더 많은 복지 역시 구조개혁이 불가피하다. 일을 하지 않게 만드는 복지급여, 도덕적 해이를 초래하는 복지프로그램, 좋은 의도와 달리 보다 많은 국민에게 피해를 주는 복지정책은 개혁해야 한다. 빈곤을 벗어나게 하는 최선은 복지가 아니라 좋은 일자리다. 불평등을 해소하고 기회의 평등을 달성하는 방안 역시 일이다.(Giddens, 2002: 14-18) 클린턴은 소득이 주도하는 복지를 달성하기 위해 미국 국민의 실질소득 향상을 정책적으로 추진한다.

공공서비스 역시 세금을 더 쓸어 부어야만 개선할 수 있는 것은 아니다. 타성에 젖은 부실경영, 관료제적 게으름, 과잉인력 등으로 공공서비스는 부실하게 운영되고 있다. 신자유자본주의자들이 주장한 것처럼 민영화도 대안이 될 수 있다. 공정한 매각 절차를 거치고, 독점을 제거하고, 경쟁적인 시장경제와 결합했을 때 민영화는 성공적일 수 있다. 그러나 저가에 매각하고, 독점을 제대로 해소하지 못하고, 경영진에게 과도한 인건비를 지불한다면 민영화는 오히려 독이 될 수 있다. 따라서 공공서비스 민영화가 아닌 공영화(publicization)를 추진할 필요가 있다. 전통적인 과잉 국가의존이나 민영화가 아닌 제3의 길로서 공영화가 신민주당 정책의 근간을 형성한다.(Giddens, 2002: 63-68)

오 마이 갓 뎀 아메리카

2000년 미국 대통령 선거 일반투표(popular vote)에서 민주당 앨 고어 후보는 공화당 후보로 나선 아들 부시를 50만 표 차이로 이긴다. 비등했던 선거인단투표(electoral vote)에서 앨 고어가 요청한 수작업개표를 연방대법원에서 중지시킨다. 오류로 가득 찬 선거와 폭력으로 얼룩진 개표는 선거 결과를 뒤집는다. 아들 부시가 백악관 주인이 된다. 부시는 극우 인사 중용, 소득세 15% 감세, 사회보장제도 부분 민영화, 지구온난화에 대한 교토의정서 준수 거부 등을 추진한다. 체제 경쟁에서 승리했지만 참담한 경제적 실패를 기록한 신자유자본주의에 대한 성찰 없이 또 다시 신보수주의로 회귀한 것이다. 테러와의 전쟁을 빌미로 부당한 전쟁을 일삼는다. 전 세계를 금융위기에 빠뜨린다.

2001년 9월 11일 오사마 빈 라덴(Osama Bin Laden)이 이끄는 테러 조직 알카에다(Al Qaeda)는 세계무역센터(World Trade Center)와 미국 국방부 펜타곤(Pentagon)을 공격한다. 테러리스트가 처음으로 미국 본토를 공격한 것이다. 아들 부시는 즉각 반격에 나선다. 빈 라덴과 알카에다를 지원한 아프가니스탄 탈레반(Taliban) 정부를 공격한다. 탈레반 또는 알카에다와 관련 있다고 판단한 수백 명을 쿠바에 있는 미군기지 관타나모에 가두고 고문한다.

2002년 1월 아들 부시는 상하 양원 합동연설에서 이라크·이란·북한 등을 악의 축(axis of evil)으로 규정한다. 이라크는 테러 집단을 지원했을 뿐만 아니라 대량살상무기를 보유하고 있거나 개발 중이다. 또한 이라크 후세인 정권은 인권을 침해했다. 2003년 3월 미군은 영국군과 함께 이라크를 침공한다. 5월 1일 아들 부시는 항공모함 아브라함 링컨 호 위에서 임무완수를 선언한다. 그러나 이라크에 대량살상 무기는 없었다. 2009년 중반까지 이라크에서 사망한 미군은 4,000명을 넘는다. 그 중 3,600명은 임무완수 연설 이후 사망자다.(Brinkley, 601~608)

경제는 이라크 침공보다 더 참혹했다. 연방준비제도(Federal Reserve System)는 2001년에 이어서 2002년에도 금리를 인하한다. 기준금리는 6%에서 1.25%로 대폭 내려간다. 금리가 단시간에 폭락하자 대출 받아서 집을 사려는 사람이 급증한다. 상대적으로 대출조건이 까다롭지 않은 서브프라임 모기지로 몰린다. 원금과 이자를 갚을 여력이 충분하지 않은 사람에게도 과도하게 주택담보대출을 한다. 비우량 주택담보대출(subprime mortgage)이다. 부실이 초래될 위험도

커진다.(김기수, 2011: 648~659)

　은행이 주택담보대출을 증권화(securitization)한다. 주택담보대출에서 얻게 되는 미래 수익을 채권으로 만들어서 투자자에게 판매한 것이다. 단순화시키면 다음과 같다. 주택을 담보로 잡고 10년 분할 상환 조건으로 100억 원을 대출을 했을 때 10년 동안 100억 원의 이자수익이 발생한다고 가정하자. 이 미래 수익을 30억 원짜리 채권으로 만들어서 투자자에게 판매한다면, 은행은 미래 수익 70억 원을 포기하는 대신 지금 당장 30억 원 현금을 쥔다. 투자자는 30억 원을 들어서 은행이 포기한 미래 수익 70억 원을 채권으로 산다. 즉, 주택담보대출을 해 준 은행은 큰 미래 수익을 포기하는 대신 지금 당장 적은 수익을 얻는다. 투자자에게는 위험이 크지만 수익도 큰 채권이다. 그러나 애초에 상환 능력이 없는 사람에게 대출해 준 것이었기 때문에 부실은 명약관화했다. 부실 또는 도산 위험을 투자자에게 떠넘긴 것에 불과하다. 과도한 탐욕에서 비롯된 도덕적 해이다.

　뒤늦게 금리를 인상하기 시작한다. 2004년 1.35%로 0.1% 인상하고, 2005년에는 1.87% 인상한 3.22%, 2006년에는 다시 1.75% 인상하여 4.97%, 2007년에는 또 다시 0.05% 인상한 5.02%까지 올린다. 금리가 급격하게 오르자 비우량 담보대출 연체율이 증가하기 시작한다. 그런데도 은행은 고위험 비우량 주택담보대출 상품을 더 많이 개발한다. 금리 인상으로 말미암아 대출수요가 급감한데 따른 것이다. 은행은 비즈니스를 계속하기 위해서, 투자자들의 수요에 부응하기 위해서 고위험 상품을 만든다. 은행은 대출한 금융상품을 또 다시 증권화한다. 채무불이행이 증가하더라도 손실은 투자자가 떠안을 것이기 때문이다. 2005년과 2006년 두 해 동안 증권화한 금액은 무려 1조 2천억 달러에 이른다. 주범은 리만 브라더스(Lehman Brothers)·베어스턴즈(Bear Stearns Companies Inc.)·도이체방크

(Die Deutsche Bank) 등이다(Henderson, 2008: 61-75). 2006년 골드만삭스는 8,274건에 달하는 주택담보대출 증권 패키지에 최우량 신용등급(AAA)을 부여한다. 위험 제로를 뜻하는 등급이다. 양대 신용평가회사 다른 하나인 무디스도 별반 다르지 않았다. 고의적으로 고평가한 것이다.(Matt Taibbi, 2012: 131-160)

2007년 4월 주택담보 대출 업체 뉴센츄리 파이낸스가 파산 신청을 한다. 6월 투자은행 베어스턴즈 산하 두 곳 헤지펀드가 파산 위기에 직면한다. 11월 투자은행들의 실적 악화가 본격화된다. 2008년 초 고위험 채권 신용보증기관 모노라인이 자본잠식 위기에 직면한다. 3월 연준에서 제이피모건(JP Morgan)에 대규모 구제금융을 지원해서 베어스턴즈를 인수하게 한다. 5월에는 투자은행 리먼 브라더스의 실적이 악화된다. 부시 행정부가 나서서 구제금융을 지원한다. 미국발 금융위기는 전 세계 경제에 먹구름을 드리운다. 금융위기의 충격을 전 세계가 받는다.

제6장

미국 엔터테인먼트 전환

- 신경제 엔터테인먼트를 재편하다! -

정보통신혁명으로 새 시대를 개척한 신경제는 엔터테인먼트 산업을 아날로그에서 디지털로 전환한다. 단관극장과 필름은 사라지고 멀티플렉스와 디지털영화가 등장한다. 음원으로 음반을 대체함으로써 대중음악 시장에 폭발적인 변동이 일어난다. 비디오 대여점의 비디오 테이프와 음반가게의 음반은 역사의 뒤안길로 사라진다. 영화와 음악 파일을 다운로드 또는 스트리밍해서 보고 듣는 디지털 스토어가 그 빈자리를 대신한다.

전파를 통해 엔터테인먼트를 즐겼던 공중파 TV와 라디오는 급격하게 저문다. 맞춤형 엔터테인먼트를 공급하는 케이블TV가 공백을 메운다. 네트워크를 통해 원하는 시간에 원하는 엔터테인먼트 콘텐츠를 즐기는 스마트TV(IPTV)가 새롭게 부상한다.

미디어는 수정자본주의 하에서 전국 라디오 방송과 공중파 텔레비전 방송이 전 국민을 대상으로 브로드케스팅(broadcasting)했다. 신자유자본주의 하에서 방송 규제철폐와 함께 케이블이 확산되면서 세분화된 목표고객을 대상으로 한 내로우캐스팅(narrowcasting)으로 전환한다. 신경제 하에서 네트워크 기반의 인터넷 미디어로 다시 한 번 바뀐다. 전 세계의 모든 사람을 대상으로 하면서 동시에 일대일 맞춤형으로 팟캐스팅(podcasting)한다.

온라인 동영상 서비스

뉴 아메리칸 시네마 몰락은 미국 영화산업을 위기로 몰아간다. 활로를 열어 준 것은 신보수가 밀어붙인 신자유주의적 세계화였다. 소련 및 동구 공산국가가 민족 단위로 분열되면서 붕괴한다. 민족 단위 분리 독립은 소련이 주도하던 영화시장도 붕괴시켰다. 지지부진하던 미국 영화산업은 소련 및 동구 공산국가 영화시장을 고스란히 차지하면서 새로운 돌파구를 찾았다.

그러나 미국 영화산업은 새로운 복병을 만난다. 시장이 커지면서 이익만 증가한 것이 아니다. 비용도 증가한다. 미국 영화 비즈니스의 함수는 이익과 비용의 함수로 전환된다. 비용을 급격하게 끌어올린 것은 마케팅과 스타 배우 출연료였다. 1995년 5,400만 달러였던 미국 영화 한 편당 평균제작비용은 2004년 9,800만 달러로 급등한다. 10년 만에 2배로 뛰어오른 셈이다. 9,800만 달러 중에서 마케팅 비용은 3,440만 달러로 전체 제작비의 35%를 차지한다. 1996년 〈케이블 가이〉에서 주연을 맡은 짐 캐리가 받은 출연료 2,000만 달러는 신호탄이었다.(양영철, 2006: 39~41)

제작비가 상승하면서 메이저 영화사들은 대작 위주로 소량만 제작하는 체제로 전환한다. 많지 않은 영화를 제작해서 많은 돈을 벌어들이는 방식이다. 더욱 스타에 의존할 수밖에 없다. 천문학적인 스타 출연료는 단 한 번의 실패도 용납하지 않는다. 그러면 그럴수록 마케팅 비용에 더 많은 돈을 쓴다. 넘어지지 않기 위해서 더 힘차게 페달을 밟아야만 한다. 자전거 바퀴를 계속 돌려야만 앞으로 나갈 수 있다.

미국 영화사들이 위험을 분산하기 위해 선택한 활로는 복합 엔터테인먼트 기업이다. 워너는 인터넷 포털 AOL과 함께, 파라마운트는 CBS(Columbia Broadcasting System Corporation), 20세기폭스는 뉴스코포레이션, 유니버설은 NBC(National Broadcasting Company), 콜롬비아는 소니(Sony Pictures Entertainment)의 자회사가 복합 엔터테인먼트 기업으로 덩치를 키운다.(서정남, 2007: 219~234) 웬만큼 큰 기업은 망할 수 있지만 아주 큰 기업은 절대 망하지 않는다.(too big to fail) 경제적 파장을 우려한 정부가 살릴 것이기 때문이다. 정보통신사 또는 방송사에 합병되는 형식으로 복합 엔터테인먼트 기업으로 발돋움했다는 점이 눈에 띈다.

1996년 정보통신법(Telecommunication Act)을 발효하면서 방송과 통신 및 관련 기업들이 사업영역을 자유롭게 넘나들 수 있게 된다. 독점규제를 사실상 해제한 것처럼 보인다. 엔터테인먼트를 정보통신과 융합함으로써 신경제 정보사회를 열고자 했던 클린턴 행정부의 개혁이다. 만약 미국 영화제작사들 주로 미국 시장에서 수익을 얻는다면 이 정책은 독이 된다. 독점으로 이어질 수 있다는 뜻이다. 그러나 세계시장에서 미국시장 보다 더 큰 수익을 낸다면 규제철폐 효과를 누리게 된다. 미국 영화산업에서 국내시장 비중보다 세계시장 비중이 더 커졌기 때문에 사용할 수 있는 정책이다.

신경제 정보사회에 접어들면서 미국 메이저 영화사는 복합 엔터테인먼트 기업으로 변모한다. 메이저 영화사 모기업은 복합 미디어 기업으로 발전한다. 수평적으로 복합기업이 된 것이다. 그러나 영화제작과 배급에서는 수직적으로 통합한다. 장르 고전주의로 복귀한다. 메이저 영화사들이 미국 영화시장을 독점한 할리우드의 옛 모습으로 돌아간다.(Gomery, 2005: 575~576) 결국 6대 메이저가 시장을 장악한 새로운 블록버스터 시대로 회귀한다. 과거 스튜디오 시스템과 달리 메이저는 소량의 영화만 제작하고 자회사가 배급한다. 대신에 새로운 독립영화사 미니-메이저(mini-majors)[1]가 대부분의 영화를 제작하고 배급한다.(Corrigan, 2012: 7~10) 위험은 분산된다. 독점의 폐해가 아니라 시너지 효과가 나타나기 시작한다. 여기에 온라인 동영상 서비스가 돌풍을 일으키면서 미국 영화산업은 다시 한 번 요동친다.

필름 없는 영화, 멀티플렉스 3D영화관 등으로 디지털화를 실현한 지 오래다. DVD에 담아서 대여한다. 여기에 정보통신 기술을 더하면서 디지털 영화를 안방에서 볼 수 있게 된다. 지난 2006년 우리나라 기업 일진디스플레이(Iljin Diplay Company)는 초소형 프로젝터를 선보인다. 2007년 이 기술을 핸드폰에 탑재해서 출시한다. 핸드폰으로 영화를 다운 받아서 벽에 쏘아서 바로 본다. 블루투스 오디오로 음향을 지원하면 그야말로 내 손 안에 영화관이 된다. 온라인 동영상 서비스(OTT, Over the Top)와 휴대용 영화관람 기술의 결합은 영화관 영화관람에 대한 대안 중 하나로 떠오르고 있다.(Dixon & Foster, 2011: 14) 멀티플렉스 영화관에서 영화관람은 핸드폰이나 스마트TV를 통한 영화시청과 비교할 수 없었다. 달라지고 있다.

시간 · 돈 · 편의성 · 체험 등을 동시에 고려한다면 DVD를 빌려서 거실에서 영화를 보는 것도 나름 경쟁력을 갖고 있다. DVD 우편 대여 서비스는 더욱 매력적이다. 여기에 정보통신 기술을 덧입힌 온

---

1) 라이온스게이트(Lionsgate Entertainment), 서밋(Summit Entertatinment), 와인스타인(The Weinstein Company), 오버쳐(Overture Films), 드림웍스(DreamWorks SKG) 중간 규모의 5개 영화사를 일컫는다.

라인 동영상 서비스는 완전히 새로운 세계를 선보이고 있다. 영화를 보기 위해 굳이 영화관에 가야 할 필요가 없다. 주문한 DVD를 기다릴 필요도 없다. 넷플릭스(Netflix)와 유튜브(YouTube)가 개척한 '새로운 할리우드'다.

넷플릭스 우편배달 서비스로 주문한 DVD와 동영상 스트리밍 서비스를 편리하게 제공하는 넷플릭스 버튼 리모콘. (출처 : https://en.wikipedia.org/wiki/Netflix)

넷플릭스는 1997년 DVD 우편 대여 서비스 회사로 출범한다. 2007년 동영상 스트리밍 서비스를 시작한다. 2010년 캐나다를 시작으로 동영상 스트리밍 서비스를 해외로 확대한다. 애초에 넷플릭스는 애플 스토어처럼 수많은 영화사들이 제작한 영화를 한 곳에 모아 놓기만 하면, 즉 콘텐츠 플랫폼을 구축하면 비즈니스가 잘될 줄 알았다. 결과는 그다지 좋지 않았다. 스마트TV에서 손쉽게 볼 수 있는 영화를 굳이 넷플릭스에 가입하고 별도로 돈을 내면서 볼 필요가 없었다. 전략을 바꾼다. 2012년부터 직접 콘텐츠를 제작·배급한다. 넷플릭스에서만 볼 수 있는 영화를 만든다. 관객들이 넷플릭스에 가입하기 시작한다.

<図表 3-2> 넷플릭스 연도별 수익 (단위 : 100만 달러)

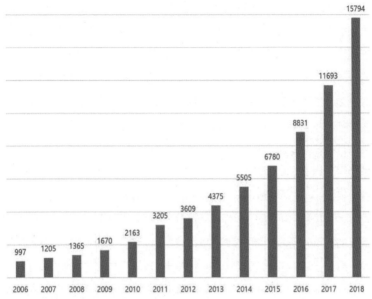

DVD 우편 렌탈 업체 넷플릭스 연도별 수익은 완만하게 증가하다가 2012년 온라인 스트리밍 서비스를 도입하면서 급격하게 증가한다. (출처 : https://en.wikipedia.org/wiki/Netflix)

2018년 12월 14일 넷플릭스는 영화 〈로마〉를 개봉한다. 제75회 베니스국제영화제 최고상 황금종려상을 수상한다. 영화예술과학아카데미는 〈로마〉를 무려 10개 부문 아카데미상 후보에 올린다. 2019년 최다 후보에 오른 것이다. 영화관에서 개봉하지 않는 영화가 영화제를 휩쓸고 있다. 넷플릭스는 2018년부터 2020년까지 미국 영화시장에 본격 진출할 계획을 이미 발표한 상태다. 2017년 상반기까지 넷플릭스에 콘텐츠를 공급했던 디즈니는 최근 결별을 선언한다. 온라인 스트리밍 서비스 시장에 진출하기 위해서다. 디즈니가 21세기폭스 인수에 나선 것도 온라인 동영상 서비스 시장주도권을 잡기 위한 포석이다.(한국콘텐츠진흥원, 2018: 42~43)

2017년 미국 가정에서 DVD나 블루레이 등과 같은 디스크를 이용해서 엔터테인먼트 콘텐츠를 소비한 금액은 68억 달러에 그쳤지만, 온라인 스트리밍이나 스마트TV를 통해 디지털 엔터테인먼트 콘텐츠를 소비한 돈은 2배 이상 많은 137억 달러나 된다. 디지털 콘텐츠 소비가 디스크에 콘텐츠를 담아서 판매하는 아날로그 미디어를 앞지른 것은 2016년이다. 아날로그 미디어를 통한 콘텐츠 소비는 80억 달러인데 디지털 미디어를 통한 콘텐츠 소비는 114억 달러였다. 불과 1년 만에 두 배로 격차를 벌린 것이다. 이를 다시 극장과 비교하면, 2017년 엔터테인먼트 소비지출 중에서 극장에서 소비한 돈은 111억 달러지만 가정에서 아날로그 미디어를 통해 엔터테인먼트 콘텐츠를 소비한 액수는 68억 달러에 불과하다. 반면에 디지털 미디어를 통해 가정에서 엔터테인먼트 콘텐츠를 소비한 액수는 137억 달러로 가장 많다. 그러나 불과 4년 전인 2014년에는 극장에서 소비한 돈이 가장 많은 104억 달러였고, 가정에서 아날로그 미디어를 통해 엔터테인먼트를 소비한 액수는 103억 달러로 비슷했다. 디지털 미디어를 통해 엔터테인먼트극 소비한 액수는 가장 작은 77억 달러에 불과했다.(MPAA, 2017: 28-31) 디즈니를 비롯한 영화사가 온라인 스트리밍 서비스를 시작하는 것은 시간문제라고 할 수 있겠다. 신경제 정보사회는 제작과 배급 그리고 관람에 획기적인 변화를 초래하고 있다.

뿐만 아니다. 미국 영화 콘텐츠에도 큰 변화를 가져온다. 〈로마〉는 넷플릭스가 제작한 멕시코 영화다. 알폰소 쿠아론 감독이 멕시코 사람이고, 영화가 다루고 있는 이야기 역시 1970년대 멕시코의 정치적 격동을 견뎌내는 한 가족을 다루고 있다. 넷플릭스가 제작한 〈미스터 선샤인〉은 한류드라마다. 이응복 피디는 한국 사람이고, 드라마가 다루고 있는 이야기도 19세기 말 격동기 조선 청춘의 사랑이다. 멕시코나 한국 등 로컬에 최적화된 이야기를 들려준다. 모두 넷플릭스가 제작한 콘텐츠다. 2019년 1월 현재 전 세계 190개국 1억 3,900만 온라인 가입자에게 실시간으로 상영한다.[2] 최소한의 돈과 시간만으로 배급하는 것이다. 필름도 필요 없고 극장도 필요 없다. 수익은 모두 넷플릭스 몫이다. 로컬에 최적화된 콘텐츠다. 문화적 저항은 영화 몰입으로 변한다.

온라인 동영상 서비스를 비롯한 영화 디지털화는 배급 비용을 거의 제로 수준으로 끌어내리면서도 편의성과 즉시성은 최고 수준으로 끌어올린다. 그러나 로컬의 문화장벽을 뚫고 나가는 것은 쉽지 않다. 고품질 영화를 저렴하게 볼 수 있다고 로컬 영화시장에 그냥 입성할 수 있는 것은 아니다. 콘텐츠 자체가 로컬에 최적화되어야만 각종 문화장벽으로 뚫을 수 있다. 미국 영화도 미국 영화시장에서는 마찬가지다.

2000년대 미국 사회를 뒤흔든 최대 현안은 9.11테러와 보복 전쟁이다. 미국 영화는 이러한 미국 사회 최대 현안을 스크린에 고스란히 옮긴다. 콘텐츠를 미국 영화시장에 최적화시킨 것이다. 세계화(globalisation)하면 할수록 지방화(localisation)에 대한 압력은 더 커지기 때문이다. 과연 그럴까? 신경제가 만든 미국사회와 미국영화를 통해 확인한다.

배트맨 〈다크나이트〉(The Dark Knight)는 2008년 최대의 흥행을 기록한다. 제작비 1억 8,500만 달러를 투입한다. 북미 4,300개 스크린과 전 세계 4,500개 스크린에서 동시개봉한다. 최대 규모 스크린 독점이다. 전 세계 박스오피스 10억 달러를 돌파한다.[3] 1997년 〈타이타닉〉 이래 최대 흥행이다. 메이저 워너와 미니-메이저 레전더리 픽처스가 만든 세 번째 블록버스터다. 영화사와 증권회사, 할리우드와 월스트리트, 미디어재벌과 거대은행이 형성한 'too big to fail'이

---

2) https://en.wikipedia.org/wiki/Netflix
3) https://www.imdb.com/title/tt0468569/

다.(Schatz, 2012: 198~199)

조커와 싸움에서 레이첼을 잃은 배트맨이 자책감에 빠진다. 알프레드 검사가 배트맨을 위로한다.

"최악의 범죄자와 전면전을 벌였으니 희생은 불가피하지요! 이 고통을 이겨내야 희망이 생깁니다."

2001년 9.11테러에 대한 보복으로 2003년 미국은 이라크를 침공한다. 사담 후세인 이라크 대통령을 처형하고, 시신은 바다에 버린다. 후세인은 대량살상무기를 제조하고 테러를 지원한 혐의를 받았다. 그러나 이라크에 대량살상무기는 없었다. 2007년 10월까지 보복전쟁에 쏟아 부은 돈은 6,070억 달러, 전사한 미군 장병은 4,578명 부상자는 30205명, 이라크인 사망자는 최소 80,510명에서 최대 87,929명![4]

조커를 물리치고 고담 시민을 지키기 위해 배트맨은 살인 누명을 뒤집어쓴다. 잘못 한 것이 없는 배트맨을 왜 추격하느냐고 묻는 아들에게 고든 형사는 이렇게 답한다.

"고담 市에 필요한 것은 영웅이지만 지금은 때가 아니야. 언젠가 세상이 알아주겠지. 그는 영웅이 아니라 보이지 않는 곳에서 묵묵히 우릴 지켜주는 구원자 '어둠의 기사'(the Dark Knight)니까!"

도덕성과 신뢰를 상실한 부시 행정부에 대한 비난을 배트맨이 대신지고 간다. 불안에 떨고 있는 미국인들을 위해 불굴의 정신

---

4) https://terms.naver.com/entry.nhn?docId=2276009&cid=51287&categoryId=51287

과 도덕적 용기로 보복전쟁을 치른 아들 부시 대통령에 대한 송가다.(Schatz, 2012: 202-204)

2009년 이라크 침공 현장으로 직접 들어간 영화를 개봉한다. 최우수영화상을 비롯해 오스카를 4개나 거머쥔다. 그러나 〈다크나이트〉와 달리 〈허트로커〉(The Hurt Locker)는 흥행에 참패한다. 1,500만 달러를 들여서 만든 이 영화는 4,923만 달러를 3배가 넘는 박스오피스를 달성한다.[5]

영화는 전투 현장에서 능숙하게 폭탄을 제거하는 제임스 상사가 겪은 이라크 전쟁을 다룬다. 그러나 전쟁의 원인을 말하지 않는다.(Polan, 2012: 231-234) 미군이 옳은지 이라크인이 옳은지에 대해서도 말하지 않는다. 전투 현장에 다루지만 전쟁에 대해서 말하지 않는다. 관객들은 스크린에서까지 이라크 전쟁을 보고 싶어 하지 않는 것일까? 오스카 최우수영화상 수상작 중 최악의 흥행성적이라는 불명예도 동시에 거머쥔다.

같은 해 12월 16일 전쟁을 다룬 영화를 또 하나 개봉한다. 아카데미가 〈아바타〉에 준 오스카는 촬영상 달랑 하나! 아카데미는 별다른 관심을 기울이지 않는다. 그러나 관객은 폭발적인 반응을 보인다. 〈다크나이트〉보다 2배 많은 제작비 2억 3,700만 달러를 투입한다. 박스오피스는 세 배에 달하는 27억 8,796만 달러로 지금도 역대 최고다.[6]

카리치 대령은 나비족이 살고 있는 판도라를 침공한다. 판도라 중앙 영혼의 나무 밑에 있는 에너지를 차지하기 위해서다. 나비족을 비롯한 부족들은 맞서 싸운다. 첨단 무기를 앞세운 인간과 영적인 삶을 이어가고 있는 나비족 간에 전투는 나비족의 승리로 끝난다.

---

5) https://www.imdb.com/title/tt0887912/?ref_=nv_sr_1
6) https://www.imdb.com/title/tt0499549/?ref_=fn_al_tt_1

아들 부시는 유전지대 텍사스 석유기업 쉘로부터 정치적 후원을 받는다. 대통령 선거에서 승리한다. 대량살상무기를 갖고 인류를 위협하는 사담 후세인 대통령을 제거하고 평화를 이룩하기 위해서 이라크를 침공한다. 승리한다. 후세인을 제거한다. 미국은 첨단 무기를 가진 기독교국가다. 이라크는 자원을 가진 이슬람국가다. 미국은 과학적이고, 이라크는 종교적이다. 미국은 인공적이고 이라크는 자연적이다. 카라치 대령이 이끄는 최첨단 군대를 아들 부시 대통령이 주도하는 미군에 대입시키고, 나비족을 이라크에 대비시켜 보자. 나비족 침공과 이라크 침공은 일치한다. 그러나 영화는 현실과 달리 나비족이 승리한다. 〈아바타〉는 미국의 불의한 탐욕에 대한 고백이다. 이라크 침공에 대한 참회록이다.

미국 의회는 2009년 6월 12일까지 모든 아날로그 텔레비전 방송 중지를 명령한다. 6월 13일부터 미국 전역에서 디지털 텔레비전 방송만을 송출한다.[7] 디지털TV는 화질 개선이 아니라 영화와 미디어 융합을 가져온다. 온라인 컴퓨터와 디지털TV를 연결함으로써 영화배급에 일대 혁신을 일으킨다. 12월 18일 미국 전역에서 〈아바타〉를 개봉한다. 미국인들은 〈아바타〉를 보기 위해 극장에 가는 수고를 마다하지 않는다. 디지털TV는 VOD(video on demand) 서비스를 통해 온라인 스트리밍 서비스 시대를 연다. 집에서 〈아바타〉를 다시 본다. 〈아바타〉의 성공은 전통적인 영화보기가 유효하다는 것과 새로운 영화배급 플랫폼으로서 온라인 스트리밍 서비스를 동시에 말하고 있다. 〈아바타〉는 변화를 예고한다.(Polan, 2012: 234~237)

---

7) https://www.fcc.gov/general/digital-television

음원 스트리밍 서비스

신자유주의적 세계화를 통해 세계경제의 판을 다시 짠 미국은 커뮤니케이션과 컴퓨팅 기술을 결합한 신경제에서 신성장 동력을 찾는다.(Pohjola 2002: 133-134) 세계화와 디지털화는 미국 대중음악에도 혁명적인 변화를 초래한다.

먼저, 1990년대 미국 대중음악계에는 세계화 열풍이 분다. 세계화와 함께 대안음악(alternative music) · 갱스터 랩(Gangsta Rap) 등 기존의 장르에서 파생되어서 새롭게 등장한 미국 대중음악들이 전 세계로 확산된다. 미국인에게는 이국적이면서도 새로웠던 월드뮤직(World Music)이 미국에 소개된다.(Starr & Waterman, 2007: 420-464)

1990년대 말에 이르자 어덜트 올터너티브 팝/록, 올터너티브 컨추리 록, 올터너티브 메탈, 올터너티브 랩 등 대부분의 주요 장르에서 하위 올터너티브 범주의 음악들이 쏟아져 나온다. 주류의 록음악에 반기를 든 백인 중간계급과 노동계급 남성들은 인디 록(Indie rock)과 하드코어(Hardcore) 그리고 스래쉬(Thrash)에서 대안을 찾는다.

가난한 흑인들의 음악이었던 랩은 1980년대 말과 1990년대 초에 이르러 전 세계인의 사랑을 받는 음악으로 발전한다. 일부 랩 음악가들은 주류의 팝 음악계로 진출하였으며, 여전히 주변부에 머물러 있었던 랩 음악가들은 힙합 팬들의 기호에 맞춰 다양한 올터너티브 랩 스타일을 개발한다. 이 올터너티브 랩(alternative rap) 중에서 엄청난 상업적 성공을 구가한 랩 음악이 나왔는데 소위 갱스타 랩(Gangsta Rap)이다.

둘째로 엔터테인먼트와 미디어가 전반적으로 그랬던 것처럼 대중음악 산업 역시 새로운 디지털 기술로 말미암아 요동을 친다. 신경제 혁명의 또 다른 이름이 디지털 혁명이라는 것은 많은 것을 시사한다. 즉, 디지털 혁명은 대중음악의 생산 · 유통 · 소비 등 모든 면

에 걸쳐서 영향을 미친다. 마침내 대중음악 그 자체를 혁명적으로
바꾸어 놓는다.

<BBC 라디오 선정 세계 10대 음반>

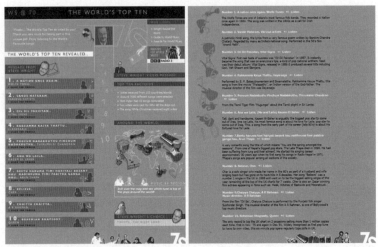

영국 BBC 제3 라디오 BBC World Service가 10주년 기념으로 155개국 15만 명의 청취자를 대상으로 한 세계 10대 음반 조사에서 쉐어의 'Believe'가 8위에 올랐다. 쉐어의 노래는 영국 싱글 차트에서도 7주 연속으로 1위 자리를 지켰다.

　　1990년대에 도입된 대중음악 소프트웨어 프로그램 프로툴즈
(ProTools)는 피치와 템포뿐만 아니라 가수의 목소리도 변형시킬 수
있었다. 후반작업을 통해서 연주를 지우고 다른 연주로 대체 녹음
하는 것도 가능해진다. 쉐어(Cher)가 1998년 발표한 베스트셀러 싱
글 'Believe'가 대표적인 사례다. 이곡은 미국 내에서만 100만 장 이
상이 판매되어 미국음반산업협회로부터 플라티넘 인증을 받는다.
전 세계적으로 1,100만 장이나 판매되는 큰 인기를 누린다. 이를
증명이라도 하듯 영국의 BBC 방송국이 70주년 기념으로 전 세계
155개 국 15만 명의 청취자들 대상으로 조사한 '세계 10대 음반' 중

에서 8위를 기록하기도 한다.[8] 제42회 그래미상 시상식에서는 올해의 음반상 후보에 오른다. 베스트 댄스 음반상을 수상한다. 다른 한편으로, 테크노와 하우스 뮤직을 결합한 이 곡은 오토튠(Au-to-Tune)을 이용하여 쉐어의 보컬과 악기의 키를 자동으로 맞춘 것 때문에 악명을 떨치기도 했다.[9]

　또한 쉐어의 'Believe'가 공전의 히트를 기록한데 대한 반작용으로 반프로툴즈(anti-ProTools) 동향이 나타나기도 한다. 프로툴즈는 음악의 오류만 바로 잡는 것이 아니라 가수의 정체성마저도 변질시켜 버린 것이다. 펄 잼(Pearl Jam)이 2002년 발표한 〈Riot Act〉는 이러한 동향을 보여주는 대표적인 사례에 해당하는 앨범이다. 마치 1960년대의 비틀즈처럼 스튜디오에서 라이브로 녹음한다.

　그러나 디지털 기술로 인한 대중음악 산업의 변화를 제일 먼저 읽은 것은 가수가 아니라 음반가게 주인이었다. 1990년대 초부터 매출이 감소하기 시작한 것이다. 해적판 음반 CD와 디지털 녹음기술 때문이다.(Jones, 2002) 해적판 음반은 항상 있어왔지만 그 도를 넘고 있었다. 그럼에도 불구하고 이것은 시작에 불과했다. 대중음악 배급과 소비의 혁명적 변동은 브로드밴드 인터넷이 일반 가정에 보급되고 MP3 기술(음악파일 압축기술)이 도입된 이후에 일어난다.

　신경제가 대중음악을 비롯한 엔터테인먼트 산업 전반에 걸쳐서 거대한 변동을 초래하기 시작한 사건은 1997년에 일어난다. 1997년 대중음악 닷컴 기업 MP3.com을 설립한 로버트슨(Michael Robert-son)은 인터넷을 통하여 3,000곡을 무료로 다운로드 받을 수 있게 하는 영업을 시작한다. 불과 3년 만인 2000년 가입자 1,000만 명을

---

8) http://www.bbc.co.uk/worldservice/us/features/topten/
9) http://en.wikipedia.org/wiki/Believe_(Cher_song)

돌파하면서 월드 와이드 웹에서 가장 성공적인 음악 사이트로 자리매김한다. 음악에서 음원으로, 즉 아날로그에서 디지털로 바뀐다. 이제 음악 비즈니스의 핵심은 음반이 아니라 음원이라는 것을 상징적으로 보여 준 성공이다. 대중음악 유통분야에서 일어난 충격적 변동은 여기에서 멈추지 않았다. 1999년 6월 불과 18세의 노스이스턴 대학교(Northeastern University) 신입생 숀 패닝(Shawn Fanning)은 파일공유 사이트 냅스터(Napster)를 개설한다. 이용자들이 편리하게 음원을 검색하고 음원 파일을 공유할 수 있도록 한 것이다. 파일공유 사이트를 개설한 첫 해에만 3,000만 명이 가입하면서 기존의 음반사들은 파일공유 그 자체에 주목하기 시작한다.(Oberholzer-Gee & Strumpf, 2009: 7)

1990년대 미국 대중음악 업계는 1990년대 내내 호황을 누렸었기 때문에 애초에는 파일공유 서비스를 대수롭지 않게 생각했다. 음반시장에는 항상 일정비율의 불법음반들이 존재했었기 때문에 음원시장에서도 당연히 불법음원이 있을 것이라고 생각한 것이다. 한편으로 음원시장은 너무 빠른 속도로 성장한다. 다른 한편으로 음반시장은 너무 빠른 속도로 붕괴한다. 사태를 달리 바라보기 시작한다.

더 이상 좌시할 수 없었다. 오프라인 대중음악 배급과 판매 시장의 90%를 장악하고 있는 메이저 음반회사를 회원사로 두고 있는 '미국음반산업협회'(RIAA, Recording Industry Association of America)는 MP3.com을 음반 불법 복제 및 배포 혐의로 고발한데 이어서, 1999년 12월에는 냅스터를 저작권 위반 기여 혐의로 고발한다. 2001년 2월 대법원의 확정판결로 냅스터를 폐쇄했을 때 사용자들은 이미 27억 9,000만 개의 음원파일을 불법적으로 공유한 뒤였다.(Starr & Waterman, 2007: 469~474) 불법 다운로드 서비스로 저작권법을 위반한 MP3.com과 불법 파일공유 서비스로 저작권법 위반을 부추긴 냅스터가 모두 폐쇄되면서 음원에 대한 불법 사용이 근절될 것으로 기대한다. 그러나 사태는 여기에서 그치지 않는다.

냅스터를 폐쇄하는 것은 쉬웠지만 파일공유를 종식시키기는 쉽지 않았다. 음원으로 대중음악을 감상하는 이용자들은 이동키(eDon-key)·패스트트랙(FastTrack)·그누텔라(Gnutella) 등 다른 제2 세대 피투피 사이트(p2p site, peer-to-peer site)로 옮겨간 것이다. 미국음반산업협회는 또 다시 그록스터(Grokster)와 몰페우스(Morpheus)를 제소한다.

그러나 이번에는 상황이 달랐다. 제2 세대 파일공유 사이트는 불법으로 판결나지 않을 정도의 기술적 장치를 만들어놨던 것이다. 2005년 6월 27일 대법원은 이 사건을 고등법원으로 돌려보낸다. 판결요지는 냅스터 사례와 달리 그록스터는 음원의 전송과 사용에 있어서 자사가 소유한 컴퓨터를 사용하지 않았다는 것이다. 설령 그록스터 이용자들이 저작권을 침해했다 손 치더라도 그록스터의 기술을 이용해서 저작권을 침해하지 않았다면 그록스터는 이용자의 저작권 침해 행위에 대한 법적 책임이 없다는 요지의 판결이다. 지난 1984년 소니(Sony Corporation of America)와 유니버설 스튜디오(Universal City Studios) 간의 분쟁에 대해서 대법원이 내린 판결에 따른 것이다. 즉, 소비자가 기업의 기술을 이용할 때 그 기술이 저작권을 침해하지 않을 수 있는 기술이라면 기업은 소비자의 저작권 침해 행위에 대한 법적 책임이 없다는 말이다.

그럼에도 불구하고 미국 메이저 음반사의 이해를 대변하고 있는 미국음반산업협회는 소송전을 계속한다. 이번에는 2003년부터 2008년 사이에 불법 파일공유 음원을 1,000개 이상 공유한 이용자 35,000명을 고발한다. 그러나 이 역시도 불법 파일공유를 막기에는 역부족이었다. 불법 음원에 대한 다각적인 법적 노력에도 불구하고 별다른 성과가 없자 대응 전략을 수정한다. 2008년 12월부터 미국 음반산업협회는 불법사이트나 이용자에 대한 고발을 중지한다. 인

터넷 서비스 제공자(ISP, Internet Service Provider)와 협력하여 저작권이
있는 음원 파일을 불법적으로 공유할 경우 인터넷 서비스 제공자
가 이용자에게 불법행위를 감시하고 있다는 사실을 알려주는 메일
을 발송한 것이다. 메일은 불법 파일공유 행위를 자제해 줄 것을 요
청하는 내용을 담고 있다.(Oberholzer-Gee & Strumpf, 2009: 6-10) 전 세계
적으로 시행하고 있는 소위 졸업 프로그램(graduation programme)이다.
세 차례까지는 고발하지 않고 메일을 발송하여 경고만 한다. 이용
자들이 세 차례 이내에 파일공유를 통한 저작권 위반 행위에서 졸업
하도록, 즉 더 이상 저작권 위반 행위를 하지 않도록 자연스럽게 유
도하려는 것이다.

<도표 3-3> 전 세계 음악시장 매출 추이 1997-2012

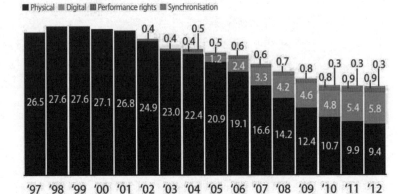

출처: IFPI. 2013b. Recording Industry in Numbers 2012.

이번에도 시장은 축소를 계속한다. 전 세계 대중음악 시장의 도
매가 매출액은 지난 1999년 276억 불로 정점을 찍은 이후 계속해
서 축소된다. 불법 파일공유 때문이라면 불법 사이트를 폐쇄하고
졸업 프로그램을 가동한 이후에도 시장이 다시 확대되어야만 하는

데 시장규모는 여전히 줄어든다. 다른 이유가 있는 것일까?

불법 파일공유로 말미암아 대중음악 시장이 타격을 입고 창작의 욕을 감소시킨다는 주장이 있는가 하면 불법 파일공유는 소비자들의 라이브 공연에 대한 욕구를 증대시킴으로써 콘서트 가격을 끌어올리고 이는 다시 가수들이 더 자주 라이브 공연을 하도록 자극함으로써 대중음악 시장의 파이를 키운다는 주장도 있다. 즉, 파일공유가 대체재(substitute goods)라면 파일을 공유한 사람들은 음원을 구매하지 않고 공연 티켓도 사지 않겠지만, 보완재(complement goods)라면 파일공유가 음원과 공연 티켓의 구매를 촉진할 것이다. 기존의 경험적 연구도 크게 둘로 나뉜다. 유료로 구매할 것을 무료로 획득해 버리기 때문에 불법 복제는 대중음악 생산자에게 타격을 준다는 연구(Zentner, 2006; Rob & Waldfogel, 2006)에 의하면, 디지털 기술 때문에 음원의 생산비용이 감소했을 뿐만 아니라 가수들이 대중에게 한 발 더 가까이 다가설 수 있는 새로운 길도 열렸다.

냅스터가 음원판매를 더 증가시킨 사례가 이를 증명한다. 2000년 7월 영국의 록밴드 라디오헤드(Radiohead)는 앨범 'Kid A'를 시중에 발매하기 전 냅스터에 공개한다. 라디오 헤드는 미국 차트에서 20위 권에 든 적이 없는 가수다. 그들의 앨범은 싱글이 없는 실험음반이었다. 라디오 방송도 거의 타지 못한다. 그로부터 3개월 뒤 음반을 발매했을 때 전 세계적으로 수백만 명이 무료로 다운로드 했음에도 불구하고 '빌보드 200 판매차트'(Billboard 200 Sales Chart)에서 1위를 기록하는 기염을 토한다. 냅스터 이펙트가 없었다면 도저히 상상할 수 없는 결과다.[10] 냅스터 이펙트의 사례는 라디오헤드에 국한되지 않는다. 디스패치(Dispatch) · 나인인치네일즈(Nine Inch Nails) ·

---

10) http://en.wikipedia.org/wiki/Napster

트랜트 레즈너(Trent Reznor) 등도 공짜 음악을 통해 성공을 거둔다(Osterwalder & Pigneur, 2011: 96). 싸이(Psy) 역시 광고기반 무료영상사이트 유튜브가 없었다면 〈강남스타일〉 단 한 곡으로 일약 세계적인 스타로 발돋움할 수 없었다는 데에 이론의 여지가 없다.

그렇다면 냅스터 사이트를 개설한 1999년부터 대중음악 시장이 본격적으로 위축하기 시작한 이유는 무엇일까? 파일공유로 말미암아 음반판매가 감소한 것은 사실이다. 헤비메탈 그룹 메탈리카(Metallica)의 데모 곡 〈I Disappear〉가 정식 발매도 되기 전에 냅스터에 유통된다. 마돈나의 싱글 'Music' 역시 냅스터를 통해 유출된다. 확인된 불법 다운로드만도 2,600만 번에 이르렀다. 불법적인 파일공유로 말미암아 2곡은 시장에 출시되기도 전에 망해버린 것이다.

그러나 파일공유가 직접적으로 대중음악 시장을 붕괴시킨 것은 아니다. 그보다 신경제 정보기술로 말미암아 기존 대중음악 산업 비즈니스 모델이 파괴된데 따른 것이다. 불법 파일공유 때문에 음반판매가 감소한 것이 아니라는 말이다. 소비자는 사이트에서 음원을 다운로드하려고 했다. 아니면 스트리밍 서비스를 통해서 대중음악을 감상하려 했다. 그런데도 음반회사는 여전히 소비자들에게 음반가게에 가서 음반을 사라고만 했다. 즉, 음반유통시장은 붕괴하는데도 불구하고 그것을 대체할 수 있는 음원유통시장은 형성되지 않았기 때문에 대중음악산업은 축소를 거듭했다.

신경제 정보기술은 대중음악 생산물을 음반에서 음원으로 바꾸었다. 이제부터 누구나 저렴한 비용으로 음원을 생산할 수 있다. 심지어 아무런 비용을 들이지 않고도 생산한 음원을 유통할 수 있다, 굳이 음반회사를 통해서 음반을 발매할 필요도 없고 음반가게에 내다팔지 않아도 된다. 메이저 음반회사들도 세상이 변했다는 것을 알고 있었지만 적절히 대응하지 못했다. 신경제에 걸맞는 비즈니스 모델을 개발하지 못한 것이다. 음반을 생산해서 유통하던 구경제에서는 음악을 통해서 어떻게 돈을 벌어야 하는지에 대해서 잘 알고 있었다. 그러나 음반이 음원으로 바뀐 신경제에서는 어떻게 비즈니스를 해야 할지를 모른 채 손을 놓아버린다.

더 정확하게 말하자면, 음반가게를 통한 음반판매에서 수익을 얻는 비즈니스 모델로는 더 이상 비즈니스를 할 수 없다는 것을 알고 있었다. 다만 개별 음반회사가 소유하고 있는 음원을 한 곳에서 모아서 판매할 수 없었기 때문에 손을 놓고 있었던 것이다. 즉, 개별 음반회사가 생산한 음원만으로는 시장에서 경쟁력이 없다. 5대 메이저 음반회사의 음원을 한꺼번에 유통하자니 서로 경쟁관계에 있는 음반회사들이 자사의 음원을 선뜻 내놓지 않는다. 자사가 보유한 음원이 불법 유통될 수도 있다는 우려 때문이다. 경쟁관계에 있는 여타 메이저 음반회사에게 유통시장을 빼앗길 수도 있다는 우려 때문이다. 이처럼 음반에서 음원으로 전환된 신경제 상황에서 구경제 비즈니스 모델을 계속 고수했기 때문에 대중음악 시장이 위축된 것이다. 불법 다운로드 만으로 음악산업이 위축된 것은 아니다.(Oberholzer-Gee & Strumpf, 2009: 2)

신경제 정보기술은 디지털음악 시대를 활짝 연다. 그러나 음반회사는 디지털로 생산한 음악을 아날로그로 전환해서 여전히 음반가게에서 판매한다. 소비자는 음반가게로 나가서 음반을 구매하기 보다는 파일공유 사이트를 통해 디지털음악을 직접 다운로드 받고자 한다. 그렇다면 디지털음악을 음반가게에서 판매한 메이저 음반회사가 잘못한 것인가 아니면 파일공유사이트에서 무료로 다운받은 것이 잘못인가? 신경제 방식으로 디지털음악을 생산하고 구경제 비즈니스 모델로 영업을 한 것이 잘못인가 아니면 신경제 디지털 음악을 구경제 아날로그 음반가게에서 사지 않은 것이 잘못인가? 메이저 음반회사가 잘못한 것인가 아니면 소비자가 잘못한 것인가?

결국 메이저 음반회사가 아닌 정보통신 디바이스 제조기업 애플이 디지털음악에 걸맞는 새로운 비즈니스 모델을 내놓는다. 애플은 2003년 4월 28일 아이튠즈 뮤직 스토어(iTunes Music Store)를 개설한다. 메이저 음반회사들이 인터넷에서 사업하는 것을 주저하고 있을 때 애플은 디지털 음악시장에 진입하여 온라인 음악장터를 만든 것이다. 경쟁관계에 있는 메이저 음반회사가 아니라 대중음악 비즈니스와는 아무런 관련이 없는 제3자가 디지털 음악시장을 열자 메이저 음반회사들은 기꺼이 자사의 음원을 내놓는다. 게다가 판매수익도 더 좋아졌다. 애플은 한 곡당 매출액의 70%나 되는 높은 수익을 배당 해준다.(장대철·안병훈, 2009: 133~152) 매출액의 70%를 배당받았지만 유통비용은 제로였다. 소비자도 대 환영이다. 아무런 가입비 없이 불과 0.99달러에 음원을 합법적으로 다운로드할 수 있다. 음반가게로 나갈 필요도 없고 음반이 있나 없나 찾을 필요도 없다. 2004년 상반기 합법 다운로드는 5,700만 번이었지만 2005년 상반기에는 1억 8,000만 번으로 증가한다.(Gasser & Begue, 2009) 2013년 2월 6일 현재 애플은 260억 곡을 보유하고 있다. 119개국에서 매분 평균 15,000곡을 판매한다. 디지털장터를 개설한 이후 지금까지 모두 250억 곡을 판매한다.[11] 아이튠즈의 성공요인은 디지털음악에 걸 맞는 비즈니스 모델을 창조한 것이다. 즉, 많은 음악을 한 곳씩 쉽게 다운받아서 자유롭게 전자전송할 수 있게 했기 때문에 히트를 칠 수 있었다.(Gasser et. al., 2004: 8-11) 또한 시장을 개설한 애플은 음원판매가 아닌 디바이스 판매에서 수익을 냈기 때문에 음원저작권자에게 많은 판매수익을 배당할 수 있었다. 소비자는 무료로 가입하고 손쉽게 음원을 검색하여 싼 값으로 편리하게 음원을 구매할 수 있었다. 메이저 음반회사에 이어서 독립 음반회사들까지 참여해

---

11) http://www.apple.com

서 음원을 아이튠즈 뮤직 스토어에 내놓았다. 음원 불법유통에 대한 불안감을 말끔히 씻어냄으로써 대중음악산업의 새 장을 연다.

요컨대, 애플은 음원 유통을 통해서 많은 수익을 얻지는 않았다. 하지만 스마트폰·아이패드 등 고가의 자사 디바이스를 더 많이 판매한다. 대중음악 저작권자들은 유통비용 없이 음원을 안전하게 유통하고 게다가 높은 배당까지 받는다. 그야말로 생산자·유통사·소비자 모두가 만족하는 트리플 윈(triple win)이다. 아날로그에서 디지털로 전환되면서 시작된 신경제 대중음악 혁명을 주도한 것은 클린턴 행정부다. 완성한 것은 디지털 음악산업 비즈니스 모델을 내놓은 애플이다.

<도표 3-4> 미국 음악시장 매출 추이 2008-2012

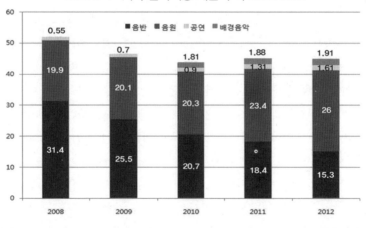

출처: IFPI. 2013b. Recording Industry in Numbers 2012.　　　　　　　(단위 : 1억 불)

미국 대중음악 시장은 부활하기 시작한다. 2011년 음원판매액이 음반판매액을 앞지른다. 싱글과 앨범 판매가 각각 8.2%와 3.2% 성장으로 반전한 것이다.(IFPI, 2012: 10, 21) 1999년 이후 무려 12년 만에 첫 성장이다.

애플의 비즈니스 모델 혁명은 대중음악 비즈니스 모델 그 자체에 혁명을 또 다른 혁명을 초래한다. 다운로드를 통한 수익창출을 비즈니스 모델로 하는 애플의 서비스에 맞서는 스트리밍을 통한 수익창출을 비즈니스 모델로 하는 구글의 서비스가 그것이다. 정보통신 디바이스 판매를 주된 비즈니스로 삼고 있는 애플과 달리 구글은 검색 포털을 주된 비즈니스 영역으로 하고 있다. 구글은 자신의 강점을 바탕으로 스트리밍 서비스를 제공한다. 2013년 현재 다운로드 서비스는 디지털음악 판매의 70% 이상을 차지한다. 그러나 2011년을 정점으로 다운로드 서비스의 비중은 줄어든다. 스트리밍 서비스는 늘어나기 시작한다.(IFPI, 2013b: 9) 또한 스트리밍 시장은 다운로드 시장보다 3배 이상 빠르게 성장한다. 2012년 한 해 동안 다운로드 서비스는 12% 성장한 반면 스트리밍 서비스는 44% 성장했다. 국가별로 보았을 때, 미국·독일·일본 등은 다운로드 서비스가 우세하지만 한국·스웨덴·프랑스 등은 스트리밍 서비스가 지배적인 수익원이다.

이러한 추세가 계속된다면 머지않아 스트리밍 서비스가 다운로드 서비스를 능가하게 될 것이다. 그러나 인터넷 라디오가 급성장하고 있는 상황에서 애플이 2011년 아이튠즈 매치(IiTunes Match) 서비스를 시작함으로써 다운로드와 스트리밍의 경계가 허물어지고 있다. 즉, 아이튠즈 매치와 같은 클라우드 서비스 사용자는 다운로드하는 것이 아니라 스트리밍하는 것과 유사한 경험을 하게 되기 때문에 소비자는 다운로드와 스트리밍의 차이를 느끼지 못한다. 여기에 아이팟(iPod)와 같은 인터넷 라디오가 결합되면서 개인 맞춤형 스트리밍 서비스를 받는 것 같은 경험을 하게 된다. 구글은 광고기반 무료 스트리밍 서비스뿐만 아니라 다운로드도 할 수 있는 유료의 프리미엄(premium)서비스 상품이 결합된 새로운 비즈니스 모델, 즉 '프리미엄'(Freemium=Free +Premium)으로 애플의 독주에 맞서고 있다. 이 경우에도 사용자들은 스트리밍과 다운로드의 경계가 허물어진 서비스를 경험하게 된다. 디지털 음악시장은 바야흐로 융·복합의 춘추전국 시대로 접어들고 있다. 음반에서 음원으로의 전환에 버금가는 큰 변동이 폭풍처럼 밀려오고 있다. 시장은 다시 한 번 큰 폭으로 요동을 칠 기세다.

<도표 3-5> 디지털 음악시장 서비스별 시장비율

(왼쪽: 전 세계, 오른쪽: 국가별)

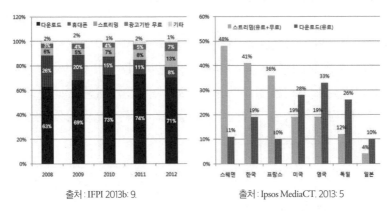

출처: IFPI 2013b: 9.　　　　　출처: Ipsos MediaCT. 2013: 5

대중음악 디지털화는 한편으로 붕괴시키고 다른 한 편으로 창조하면서 음악시장의 판도를 통째로 바꿔 놓았다. 음반시장을 붕괴시킨다. 음원시장을 창조한다. 음반회사가 음반판매점을 통하여 음반을 판매하던 전통적인 비즈니스 모델을 붕괴시킨다. 디지털 음악시장에 걸맞는 새로운 비즈니스 모델이 탄생시킨다. 전통적인 음반판매점이 붕괴한다. 애플·구글 등 새로운 음원 판매상 또는 음원청취서비스 제공자가 등장한다. 음반 도·소매 시장이 붕괴한다. 음원을 소비자에게 직접 판매하는 다운로드와 스트리밍 시장을 창조한다.

디지털 경제는 음악시장의 판도를 근본적으로 뒤집는다. 이 과정에서 미국 음악시장도 크게 요동친다. 1999년을 정점으로 음악

시장이 급격하게 줄어든다. 옛것이 되어 버린 음반시장은 급속도로 붕괴하는데도 새로운 음원시장에 걸맞는 새로운 비즈니스 모델을 만들어내지 못했기 때문이다. 미국 대중음악의 세계시장 점유율도 1999년 37%에서 2012년 27%로 하락한다.[12] 구경제에서 신경제로의 전환을 주도한 미국은 파괴적 혁신(destructive innovation)을 통해서 새로운 시장을 창조했지만, 그 과정은 미국에게도 뼈를 깎는 고통이었던 것이다. 미국 대중음악 시장은 1999년 이후 마이너스 성장을 거듭하다가 2011년 드디어 2.5% 플러스 성장을 한다.

요컨대, 산업경제에서 정보경제로의 전환을 통하여 세계경제에 대한 주도권을 확보한다. 아날로그 음악에서 디지털 음악으로 전환하는 과정에서 음원 저작권자와 음원 소비자를 직접 연결하는 새로운 비즈니스 모델을 창조한다. 1999년 이후 잃어버린 12년을 되찾기 시작한다. 향후 10년간 미국 대중음악은 세계시장 점유율을 확대해 갈 것으로 보인다.

비즈니스 모델혁신

영화와 대중음악을 비롯한 엔터테인먼트 산업 전반에 커다란 전환의 파장을 몰고 온 신경제 디지털 혁명은 비즈니스 모델을 통해서 정점에 이른다. 비즈니스 모델은 경쟁자들이 쉽게 모방하거나 흉내낼 수 없는 미래 가치창조의 원천이다. 따라서 비즈니스 모델을 혁신하면 다른 기업이 쉽게 따라잡지 못한다.(Amit & Zott, 2012: 42) 1990년대 중반 미국이 주도한 신경제 정보사회는 국가적인 차원에

---

12) 미국 대중음악 세계시장점유율은 2000년 38%를 차지해서 가장 높았고, 판매액 기준 세계시장점유율은 142억 5,000만 불을 기록한 1999년이 가장 높았다(IFPI, 2011).

서 경제 비즈니스 모델을 혁신한 것이다. 그렇기 때문에 미국을 전 세계 유일 초강자라고 부르는 것은 1980년대 이념경쟁의 승리자라는 뜻만은 아니다. 기업차원에서 보면, 애플은 진정한 의미의 비즈니스 모델혁신 기업이다. 2001년 아이팟(iPod)[13]을 출시했을 때까지만 하더라도 애플은 디바이스 제조업체에 불과했다. 2003년과 2008년 각각 온라인 시장(앱 스토어와 아이튠즈 스토어)을 개설한다. 2007년과 2010년에는 각각 스마트폰과 태블릿피씨(아이폰과 아이패드)를 출시한다. 영화와 음악의 저작권자와 구매자, 응용프로그램 개발자와 개발자와 사용자를 직접 연결해 주는 비즈니스 모델 혁신을 감행함으로써 초일류 정보통신기술 기업으로 발전한 것이다.

<애플 對 구글>

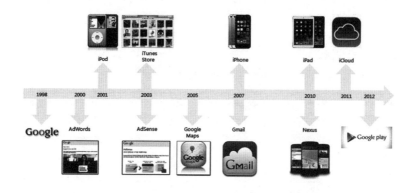

애플은 비즈니스 모델을 혁신함으로써 초일류기업이 되었으며 동시에 신경제 정보사회를 정상궤도에 올려놓는다. 그렇다면 과연 비즈니스 모델[14]이란 무엇인가? 2001년 출시한 아이팟은 이미 시장

---

13) MP3 플레이어
14) 기업이 고객·파트너·판매자 등과 함께 비즈니스를 하는 방식을 결정짓는 상호의존적이

에 나와 있었던 여타 MP3 플레이어와 크게 다를 바 없는 음원 저장 및 재생 디바이스였다. 비즈니스 모델혁신이 아니라 제품혁신에 기반하고 있는 많고 많은 기업 중 하나가 애플이라는 말이다. 그러나 2003년 아이튠즈 스토어를 도입하면서 비즈니스 모델을 혁신한다, 음원 구매자와 저작권자를 직접 연결한 것이다. 2006년에는 영화도 살 수 있게 아이튠즈 스토어를 확대한다. 영화 관객과 저작권자를 서로 연결한 것이다. 2008년에는 앱 스토어(App Store)까지 개설함으로써 프로그램 개발자와 이용자가 아이튠즈 스토어에서 직접 만날 수 있게 한다. 플랫폼 전략을 더욱 강화한 것이다. 소위 말하는 양방향 플랫폼 모델(Multi-Sided Platform)이라는 비즈니스 모델이다.(Oberholzer-Gee & Strumpf, 2009: 90-93) 특정한 지방을 이동해야만 하는 승객과 특정 노선을 운행하는 기차가 플랫폼에서 만나는 것처럼 생산자와 소비자가 직접 만날 수 있는 플랫폼을 도입함으로써 비즈니스 모델을 혁신한 것이다.

<애플 비즈니스 모델 캔버스>

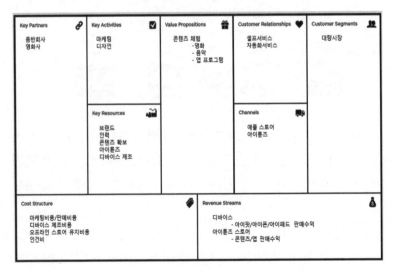

휴대용 미디어 플레이어를 시장에 처음으로 도입한 것은 애플이 아니다. 애플 이전에 리오(Rio)라는 브랜드를 앞세운 다이아몬드 멀티미디어(Diamond Multimedia) 같은 경쟁자들이 이미 시장에서 성공을 구가하고 있었다. 애플의 성공 요인은 탁월한 디바이스가 아니다. 아이팟·아이폰·아이패드 등 성능이 뛰어나면서 동시에 디자인이 우수한 디바이스를 아이튠즈와 같이 콘텐츠 생산자와 이용자가 직접 만날 수 있는 유통채널과 결합한 것이다.(Oberholzer-Gee & Strumpf, 2009: 52-53) 즉, 애플은 제품이 아니라 비즈니스 모델을 혁신함으로써 시장을 지배했다.

아무리 그렇다손 치더라도 과연 비즈니스 모델의 혁신으로 세계를 지배할 수 있을까? 좋은 제품을 만들어서 시장에 내놓으면 성공하는 것이 아닐까? 아이튠즈를 도입하기 전에도 아이팟은 상당히 잘 팔렸었고 아이팟 마니아들도 꽤 있었으니까 말이다. 과연 그럴까? 그렇지 않다. 비즈니스 모델혁신이 아니라 제품혁신으로 세계시장에서 두각을 나타냈던 대만의 작은 거인 HTC사례를 살펴보면 확실해 진다.

HTC는 구글의 안드로이드 운영체제를 사용한 스마트폰 넥서스 원(Nexus One)을 출시하면서 안드로이드 운영체제를 사용한 스마트폰을 가장 많이 만든 제조사로 성장한다. HTC를 세계 최고로 만든 것은 전 세계 최초·최대의 안드로이드 폰 제조사라는 수식어에서 알 수 있는 바와 같이 제품혁신이다. 그러나 불과 3년만인 지난 2013년 1분기 수익이 무려 98%나 감소하면서 한때 핸드폰 시장에 돌풍을 일으켰지만 지금은 존재감마저 사라져버린 블랙베리·노키아 등과 같은 처지로 전략한다. 2010년 HTC·블랙베리·노키아 등 3사의 누적 시장점유율은 61%였으나 2012년 10.2%로 줄어든다. 같은 기간 삼성의 매출은 3배가량 성장한다. 이는 3사의 시장점유율을 다 합친 것보다 3배가량 많은 수치다. 심지어 2013년 2월

에 출시한다던 HTC One은 선적도 못하는 수모를 겪는다. 2013년
3분기와 4분기 연속 적자를 기록한다.(김창욱, 2014; Arthur, 2013)

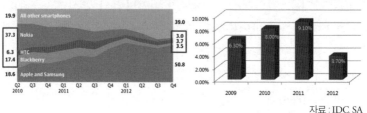

<제조사별 선적기준 스마트폰 시장점유율>　　<HTC 스마트폰 시장점유율>

자료 : IDC, SA
출처 : The Guardian, 2013년 4월 13일자

　　애플의 성공과 HTC의 실패는 비즈니스 모델혁신과 제품혁신의
차이를 극명하게 보여준다.(Amit & Zott, 201: 42~45) 애플은 제품혁신
과 비즈니스 모델혁신을 동시에 이뤄낸다. HTC는 비즈니스 모델혁
신 없는 제품혁신에 그친다. 애플의 비즈니스 모델혁신은 모방하기
힘들다. HTC의 제품혁신은 쉽게 모방할 수 있다. 애플은 영화와 대
중음악 다운로드 사업을 자사의 기존 컴퓨터 사업과 연결시키고 그
에 걸맞는 아이튠즈 스토어·디바이스 앱 등 각종 소프트웨어와 아
이팟·아이폰·아이패드 등 하드웨어를 개발한다. 이로써 디지털 엔
터테인먼트 배급 사업을 비즈니스 영역으로 끌어들인 최초의 컴퓨
터 회사로 발돋움한다. HTC는 혁신적인 회사였지만 제품의 디자
인과 기능만을 혁신했을 뿐 비즈니스 모델을 혁신하지 못했다. 애
플이 생산한 디바이스는 콘텐츠와 연동되었을 뿐만 아니라 자사의
온·오프라인 매장에서도 판매한다. 또한 애플은 타사의 제품(앱)도
자사의 앱 스토어에서 판매한다. HTC 디바이스는 타사의 운영체계
가 없으면 작동조차 하지 않는다. 즉, 애플은 범위의 경제(economy of
scope)를 형성했지만, HTC는 형성하지 못했다. 애플이 면도기와 면

도날을 동시에 팔았다면, HTC는 면도기만 팔았던 셈이다. 결론적으로 HTC 제품은 누군가가 면도날을 생산해서 팔지 않으면 아무 짝에도 쓸모가 없어져 버린다.

결론

한국 엔터테인먼트를 생각한다

제7장

한국 엔터테인먼트 세계화 전략

드디어 긴 여정의 종착역에 이르렀다. 전 세계 엔터테인먼트와 미디어 시장 지분 약 30%를 차지하고 있는 미국 영화와 대중음악 그리고 미디어의 사회사를 살펴보았다. 대공황에 직면한 미국은 시장의 실패를 극복하기 위해 자본주의 2.0, 곧 수정자본주의로 전환한다. 뉴딜은 바로 그 전화의 시작을 알리는 신호탄이었다. 자본주의 1.0, 즉 자유자본주의에서 자본주의 2.0으로 전환하는 시기를 전후해서 영화와 그 뒤를 이어서 대중음악이 대중적인 엔터테인먼트로 자리 잡는다. 라디오는 미국인이라는 국민정체성을 형성하면서 하나로 뭉치게 만들었다.

레이건의 집권과 함께 시작된 카우보이 경제는 남서부 선벨트 지역으로 인구를 집중시키기 시작했다.

한국 엔터테인먼트, 더 멋있어 져라!

1913년 헨리 포드는 컨베이어벨트식 조립생산시스템을 구축하고 프레드릭 테일러의 과학적 관리를 도입함으로써 경영에 일대 혁신을 몰고 온다. 노동생산성만 높일 수 있다면, 노동시간을 줄이고 임금을 2배로 지급해도 더 많은 경영성과를 낼 수 있다는 것을 헨리 포드는 잘 알고 있었다. 그는 실제로 하루 노동시간을 10시간에서 8시간으로 단축했고, 노동자들의 임금도 당시 자동차업계 평균의 2배에 해당하는 일당 5달러를 지급했다. 그야말로 자본주의 2.0 시대를 미리 보여주었던 것이다.

1920년대 중반 포드자동차는 T형 자동차(Model-T)로 전 세계 자동차 시장의 68%를 장악한다. 컨베이어벨트식 조립생산 시스템과 시장 장악 덕분에 850달러였던 T형 자동차의 가격은 불과 10년 만에 반값인 450달러로 낮아졌다.

<알프레드 슬로안과 헨리 포드>

1926년 12월 27일자 타임지 표지를 장식한 제너럴모터스의 알프레드 슬로안과 1936년 1월 14일자 표지를 장식한 포드자동차의 헨리 포드. 포드자동차가 만든 T형 자동차는 마이카시대를 열었고, 제너럴모터스가 만든 쉐보레는 자동차로 미국을 보는 시대를 열었다.

후발주자인 제너럴모터스(GM, General Motors)의 알프레드 슬로안

(Alfred Sloan)은 헨리포드의 약점을 파고들었다. 포드자동차의 T형 자동차는 소비자의 선택권은 없었다. 검정색 단 한 종류의 색상에 폭이 좁은 타이어를 장착했다. 마이카 시대를 여는 데에는 최적이었지만 자동차로 개성을 표현하기에는 역부족이었다. 1926년 제너럴모터스는 부드럽고 유연한 디자인의 자동차 '쉐보레'(Chevrolet)를 출시하면서 고객이 자신의 취향에 따라 색상도 고를 수 있도록 했다. 선두주자인 헨리 포드의 기술경영에 후발주자인 알프레드 슬로안은 디자인경영으로 맞선 셈이다. 제너럴모터스는 자동차 스타일도 매년 바꿨다. 고전적인 그리스의 아름다움을 차용하거나 남성다움을 표현하기도 했다. 요즘 우리 경영계에서 회자되고 있는 '디자인 경영'으로 차별화를 시도한 것이다. 헨리 포드가 20년 앞서서 자본주의 2.0을 보여주었다면, 알프레드 슬로안은 60년 앞서서 자본주의 3.0을 보여주었다.

<대한제국 어차>

왼쪽은 순종황제 어차 오른쪽은 순증효황후 어차. 순종황제 어차는 미국 제너럴모터스가 제작하였으며, 순종효황후 어차는 영국 다임러(Daimler)가 제작했다. 어차의 내부와 외부에 황실 문장인 황금 오얏꽃으로 장식을 했다. 목재로 된 차체를 칠(漆)로 도장한 것으로 보아서 미국과 영국에서 각각 제작하였으나 도장은 우리나라에서 한 듯하다.

19세기 마차를 닮은 촌스러운 디자인과 검정색 단 한 색상으로 전 세계를 석권했던 헨리 포드는 알프레드 슬로안을 빗대서 '자동차 사업을 하고 있는 것이 아니라 여성용 모자 장사를 하고 있다"고 비판(Gary Cross, 1990: 193~196)했다. 소비자가 자동차 색상을 선택할 수 있게 한 제너럴모터스의 디자인경영을 계절마다 신제품을 쏟아냄으로써 끊임없이 색상을 바꾸는 여성용 모자 장사로 폄하한 것이다. 그럼에도 불구하고 헨리 포드는 실용적이고 표준화된 T형 자동차를 포기할 수밖에 없었다. 1927년 스타일리쉬한 A형 자동차(Model-A)를 출시했던 것이다. 그리고 헨리 포드는 다음과 같이 말을 바꾼다. "디자인이야말로 자동차에 손으로 만들어 낼 수 없는 힘을 실어주고, 전혀 새로운 예술을 창조한다."(정경원·신철호, 2001: 6~7)

<미국의 초기 자동차>

왼쪽은 포드자동차 T형 자동차, 중간은 제너럴모터스 쉐보레, 오른쪽은 포드자동차 A형 자동차

1950년대에 제너럴모터스는 미국 자동차시장의 절반 이상을 차지하고 전 세계에서 가장 많은 종업원을 거느린 최강의 자동차 회사로 성장한다.(Lafley & Martin, 2013: 36~39) 제너럴모터스의 전성시대를 연 것은 매력의 신화였다. 후발주자 한국 엔터테인먼트가 선두주자를 추월할 수 있는 비결이 바로 여기에 있다. 한국 엔터테인먼트, 뿌리칠 수 없는 매력으로 무장하라! 그래야 거대공룡 미국 엔터테인먼트와의 경쟁에서 살아남을 수 있다.

한국 엔터테인먼트, 마음껏 즐겨라!

한국 엔터테인먼트 기업에게 가장 필요한 것은 무엇일까? 많은 사람들은 세제혜택이나 편익제공 등과 같은 지원이라고 생각한다. 그렇지 않다. 독점을 허용하지 않는 경쟁적인 시장 환경이 한국 엔터테인먼트 기업에게 가장 필요한 것이다. 국내 시장에서 경쟁을 통해 체질을 강하게 다져야만 글로벌 시장에서 강한 경쟁력을 발휘할 수 있기 때문이다. 따라서 정부는 지원이나 규제를 고심하기 보다는 한국 엔터테인먼트 기업의 체질을 강화할 수 있도록 경쟁적인 시장 환경을 조성하는데 주력해야 한다.

국민은 무엇을 할 수 있는가? 무엇을 하는 것이 가장 좋은가? 마음껏 즐기는 것이다. 2012년 미국사람 1인당 영화관람 횟수는 4.1회였고, 지난 2003년부터 최근 10년 동안 4회 이하로 내려간 것은 3.9회를 기록한 2011년뿐이었다. 특히 전체 인구의 13%에 불과하지만 전체 영화관 입장권의 57%를 구매하고 있는 '미국영화 골수팬'(frequent moviegoer)들이 영화산업을 견인하고 있다.(MPAA, 2013: 9-11) 자국 영화산업을 보호하기 위한 스크린쿼터와 같은 안전장치가 없는 상황에서도 미국 영화가 자국 시장에서 선전할 수 있는 결정적인 이유는 미국 국민의 적극적인 지지다.

최상등급의 와인은 척박한 토양을 이겨낸 포도나무에서 수확한 포도에서 만들어진다. 열매를 맺기 위해서는 척박한 땅을 더 깊이 파고들어 가야하기 때문이다. 일등급 커피 원두 역시 그 모양은 볼품이 없고 조그맣다. 열악한 환경에서 생존을 위해 발버둥치다 보니 작고 볼품없어진 것이다. 그러나 그 원두는 세상에 없는 기막힌 커피 맛을 낸다. 1989년 한국영화 시장점유율은 19.1%로 떨어졌고, 1996년 국민 1인당 영화관람 횟수는 0.9회로 떨어진다. 1992년 엔터테인먼트 시장 개방과 1997년 경제위기를 딛고 일어서는 과정에

서 영화와 대중음악을 비롯한 한국 엔터테인먼트는 거의 치명적인
타격을 입는다.

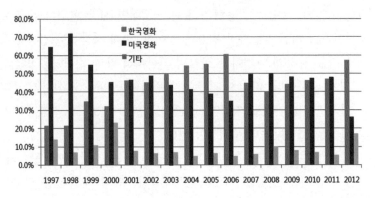

<도표 4-1> 국적별 관객점유율

출처: 영화진흥위원회. 각년도 《한국영화연감》 커뮤니케이션북스

그러나 이것이 한국 엔터테인먼트에 아주 좋은 약이 되었다. 생
존을 위해 발버둥치는 과정에서 아무도 기대하지 않았던 놀라운 영
화와 드라마 그리고 대중음악들이 쏟아져 나왔다. 국민들은 열광
했다. 한국 엔터테인먼트 시장을 지키기 위한 중소기업의 힘겨운 노
력과 국민의 열광이 합쳐졌다. 한국영화시장 국적별 점유율에서 한
국영화의 시장점유율은 극적으로 높아지기 시작했다. 한국 엔터테
인먼트의 생존과 성공의 비결은 시장개방으로 인한 치열한 경쟁상
황에서 국내 엔터테인먼트 기업의 목숨을 건 자구노력과 함께 한국
사람들의 열광적인 지지가 있었기 때문이다. 그 과정에서 한국 엔터
테인먼트는 한류로 재탄생했다. 한국 엔터테인먼트 마음껏 즐겨라!
온 세상이 열광한다.

한국 엔터테인먼트, 비즈니스 모델을 혁신하라!

영화·대중음악 등 전 세계를 석권한 미국 엔터테인먼트 생산물이 타의 추종을 불허하는 이유는 콘텐츠 그 자체가 막강한 경쟁력을 확보하고 있기 때문이다. 세계화 상황에서도 부동의 1위를 계속 유지할 수 있었던 가장 큰 이유는 두 가지다.

첫째, 미국 연방정부가 신경제 정보사회로의 전환을 주도하면서 엔터테인먼트 비즈니스의 판을 완전히 다시 짰기 때문이다. 아날로그에서 디지털로 바꿔버린 것이 가장 큰 성공 요인이라는 말이다. 미국이 구경제 산업사회를 신경제 정보사회로 전환한 것은 어느 날 갑자기 벌어진 사건이 아니다. 1980년대 신자유주의자들이 주도한 카우보이 경제의 선벨트 디지털 혁명과 1990년대 신민주당이 주도한 신경제 디지털 혁명 등 오랜 세월 동안 일관되게 추진해왔고, 신우파 레이건의 공화당과 신좌파 클린턴의 민주당으로 정권은 바뀌었지만 정책의 일관성을 유지했기 때문이다.

둘째, 미국 기업이 디지털 콘텐츠에 적합한 비즈니스 모델을 개발했기 때문이다. 디지털로 제작한 영화를 전자극장에서 상영하고 영화파일을 다운로드해서 가정에서 즐길 수 있도록 한 것이 그 이유라는 말이다. 음반이나 책은 음반가게 또는 서점에서 팔면 된다. 그러나 음원이나 전자책을 음반가게나 서점에서 팔기는 부적합했다. 디지털 생산물을 유통·판매할 수 있는 디지털 비즈니스 모델과 디지털 판매망이 필요했다. 앱 스토어를 열었다. 엔터테인먼트 기업이 생산한 전자영화와 음원 그리고 전자책 등을 비디오숍·음반가게·서점 등 아날로그 가게가 아닌 앱 스토어 같은 디지털 가게에서 판매할 수 있는 시스템을 갖추었다. 비유하자면, 새 술은 새 부대에 담아야 하듯이 디지털 콘텐츠를 디지털로 비즈니스하는데 성공했기 때문에 세계시장을 석권할 수 있었다.

그 과정이 순탄하지는 않았다. 1999년 파일공유 웹사이트 냅스터(Napster)가 등장하고, 첫 해에만 3,000만 명이 가입한다. 불법이었다. 대법원의 확정판결로 개설된 지 2년만인 2001년 냅스터를 폐쇄할 때까지 많은 자본을 투자해서 공들여 만든 27억 9,000만 개의 음원이 불법적으로 공유되었다.(Starr & Waterman, 2007:469~474) 엔터테인먼트 콘텐츠는 디지털로 전환했는데 비즈니스모델은 아날로그에 머물러 있었기 때문에 발생한 일종의 시행착오였다. 한 가지 다행스러운 점은 냅스터가 디지털 엔터테인먼트 콘텐츠를 유통할 수 있는 비즈니스 모델 혁신의 힌트를 제공했다는 것이다.(성일홍, 2010:161~163)

　냅스터에서 힌트를 얻어서 비즈니스 모델을 혁신한 기업은 애플이었다. 애플은 영화나 대중음악 같은 콘텐츠를 생산하는 것이 아니라 콘텐츠를 재생할 수 있는 디바이스를 생산하는 제조업체다. 기존의 콘텐츠 생산업체들은 디지털로 생산한 콘텐츠를 디지털로 유통해야 한다는 것을 알고 있었지만 시장에 선뜻 내놓을 수 없었다. 불법유통에 대한 우려가 있었기 때문이다. 애플은 콘텐츠를 생산하지 않는 디바이스 제조업체였기 때문에 콘텐츠를 생산하는 엔터테인먼트 업체와 경쟁할 필요가 없었다. 따라서 콘텐츠 생산자 역시 애플을 경계할 이유가 없었고 콘텐츠 불법유통을 우려할 이유도 없었다. 또한 냅스터를 폐쇄한 지 2년이 지난 2003년 애플은 콘텐츠 불법유통 방지 시스템을 장착한 '앱 스토어'를 개설했다. 콘텐츠 생산자들에게 사활이 걸려있었던 콘텐츠 불법유통에 대한 우려를 불식시킨 것이다. 콘텐츠 생산자들이 믿고 판매를 위탁할 수 있었다. 또한 애플은 판매가의 70%나 되는 금액을 디지털 콘텐츠 생산자에게 배분했다. 애플은 디지털 콘텐츠 판매를 통해서 비즈니스를 하는 기업이 아니라 디지털 콘텐츠를 재생할 수 있는 디바이스를 판매함으로써 비즈니스를 하는 기업이었기 때문에 콘텐츠 유통 수익을 콘텐츠 생산자에게 돌려줄 수 있었다. 따라서 앱 스토어는 디지털 콘텐츠를 생산하는 엔터테인먼트 기업에게 콘텐츠 유통수익을 안겨주고, 디지털 콘텐츠 확산에 따른 콘텐츠 재생장치 판매수익은 애플이 갖는 디지털 콘텐츠 장터였다. 2008년에는 아이튠즈 스토어로 확대함으로써 거의 모든 디지털 엔터테인먼트 콘텐츠를 팔고 살 수 있게 되었다. 요컨대, 기차와 승객이 플랫폼에서 만나는 것처럼 생산자와 소비자가 직접 만나는 '비즈니스 플랫폼', 즉 아이튠즈 스토어를 구축하고, 많은 수익을 낼 수 있도록 파격적인 판매가 배분을 했다. 애플의 비즈니스 모델혁신으로 말미암아 디지털 콘텐츠 불법유통은 빠른 속도로 줄어들고 있다. 즉, 공짜로 불법유통을 한 것이 문제가 아니라 합법적으로 유통할 수 있는 디지털 비즈니스 모델이 없었던 것이 문제였다.

<냅스터와 아이튠즈 로고>

 싸이의 '강남스타일'이 빌보드 차트 2위를 기록하고 유튜브 조회수 1위에 올랐다. 대단한 성과다. 그러나 이것은 찻잔 속에 태풍으로 끝날 수도 있는 위험요소를 안고 있다. 한국 디지털 엔터테인먼트 콘텐츠를 전 세계에 유통할 수 있는 디지털 비즈니스 모델이 없는 한 언제든 사상누각이 될 수 있다. 이것은 한국 디지털 엔터테인먼트 콘텐츠 생산자에게만 해당하는 것이 아니다. 한국 엔터테인먼트 디바이스 제조기업에게도 그대로 적용된다. 아이튠즈에 버금가

는 비즈니스 모델을 만들지 못하면 삼성 갤럭시와 엘지 옵티머스의 성공 역시 지속가능하지 않다. 아이튠즈가 없었다면 아이폰이 성공할 수 있었을까?

미국의 사례에서 살펴본 바와 같이 중요한 것은 디지털 콘텐츠라기보다 디지털 콘텐츠에 걸맞는 디지털 비즈니스 모델이다. 한국 엔터테인먼트 콘텐츠를 전 세계 어디에서나 바로 구매해서 다운로드 또는 스트리밍할 수 있는 시스템을 갖추지 않은 상태에서 한류 콘텐츠 불법유통을 탓하는 것은 어불성설이다. 한국 엔터테인먼트 콘텐츠가 동남아와 남미에서 불법유통 되고 있는 것은 우리 기업이 디지털 비즈니스 모델과 디지털 유통망을 제대로 갖추지 않은 채로 디지털 엔터테인먼트 콘텐츠를 생산하고 있기 때문이기도 하다. 디지털 엔터테인먼트 콘텐츠를 가지고 아날로그 엔터테인먼트 비즈니스를 계속 해서는 안 된다. 한국 엔터테인먼트, 비즈니스 모델을 혁신하라!

한국 엔터테인먼트, 미국과 공존하라!

대부분의 한국 40대는 일본 애니메이션을 생생하게 기억한다. 초등학교 시절 5시30분이면 시작하는 공중파 방송의 30분짜리 일본 애니메이션과 어린이 월간지에 연재되었던 일본 애니메이션의 원작 만화를 보고 자랐기 때문이다. 노래가사 바꿔 부르기로 더 많이 기억하고 있는 〈황금박쥐〉, 해양을 뜻하는 영어 머린(marine)만큼은 미국식이 아닌 영국식으로 발음하게 만든 〈마린보이〉, 작고 예쁜 엉덩이로 총을 쏘는 〈우주소년 아톰〉, 여름철이면 한 마리씩 없어지는 동네 개들의 행방을 더욱 궁금하게 만든 〈플란다스의 개〉, 애절한 기묘함으로 텔레비전 앞을 떠나지 못하게 만든 〈요괴 인간〉, 링 위에서는 폭풍 같은 분노를 쏟아내면서도 경기가 끝나고 프로그램이 끝날 때쯤이면 순수로 돌아가 고아원 어린이들과 함께 웃는 〈타이거마스크〉…

어디 그뿐인가! 일요일 오전에 방송을 해서 전국교회 주일학교 운영을 어렵게 만들었던 〈은하철도 999〉, 명절이면 꼭 한 번씩 봤던 〈사이보그 009〉도 빼놓을 수 없다. 요즘 유튜브에 올라와 있는 그 시절 일본 애니메이션 비디오 클립을 볼 때마다 낯설게 느낀다. 일본말을 하는 것이 아닌가! 연중무휴로 보다 보니 일본 애니메이션이라기보다는 한국 애니메이션 같은 느낌마저 든다.

<일본 애니메이션>

왼쪽 위부터 시계방향으로 <요괴인간>·<사이보그 009>·<타이거마스크>·<캔디>

그렇다면 일본 애니메이션의 성공비결은 무엇일까? 추격자의 포지셔닝(Jack Trout & Al Ries, 2002: 83-94)으로 미국 애니메이션과 차별화한 것이다. 일본 애니메이션을 볼 수 있는 잠재고객의 마인드에 빈틈을 찾아서 메웠기 때문이다. 먼저, 콘텐츠의 빈틈을 메웠다. 후발주자 일본 애니메이션은 미국이 만들지 않았던 소재로 애니메이션을 만들었다. 레슬링 사이보그 요괴로봇 등 당시로서는 미국 애니메이션이 다루지 않았던 소재를 주로 다루었다. 반면에 미국 애니메이션은 명작 동화와 테마파크의 캐릭터를 위주로 한 애니메이션으로 전 세계 애니메이션 시장을 석권하고 있었다. 즉, 1등의 빈틈을 찾아서 메움으로써 차별화하여 자신만의 시장을 개척했다. 다음으로, 연령의 빈틈을 메웠다. 미국 애니메이션의 목표 고객은 초등학교 저학년이었다. 그래서 교훈과 재미를 결합한 명작 동화 애니메이션이 주를 이루었다. 반면에 일본 애니메이션은 사이보그·우주 철도·바다 소년 등으로 초등학교 고학년의 상상력을 자극했다.

<국산 애니메이션>

상단 왼쪽부터 오른쪽으로 미취학 아동용 애니메이션 <뽀로로>, 흥행성공에도 불구하고 일본 애니메이션 표절로 절반의 성공이라는 평가를 받고 있는 <로보트 태권 V>, 독창성과 흥행이라는 두 마리 토끼를 잡은 우리나라 최초의 애니메이션 <홍길동>, 하단 왼쪽부터 오른쪽으로, 마치 회화 같은 이미지로 안시 애니메이션 영화제 대상을 수상한 <마리이야기>, 최고의 제작비를 투입하고 7년간에 걸친 작업 끝에 완성한 <원더풀 데이즈>. 우리나라 애니메이션의 기술력을 전 세계적으로 인정받은 작품이지만 엉성한 스토리라인으로 흥행에서는 참패를 면치 못했다. EBS 방영과 함께 화제를 모았던 또 하나의 미취학 아동용 애니메이션 <빼꼼>. 20개국에 수출되어 호평을 받았다.

형성기 일본 애니메이션은 승산이 없는 1등과의 결투보다는 소재와 연령의 빈틈을 찾아서 목표 고객을 달리함으로써 1등과 공존할 수 있는 방안을 찾았다. 미국 애니메이션과 일본 애니메이션 연령의 빈틈인 미취학 아동에 주목함으로써 국산 애니메이션의 성공 신화를 쓴 〈뽀로로〉도 이 전략을 사용한 것이다.

<미국 애니메이션>

요컨대, 일본 애니메이션의 성공과 한국 애니메이션의 성공은 기존의 시장을 독차지하고 있는 1등을 따라잡기 위한 전략, 곧 추격자 포지셔닝이 주효했다. 이처럼 초기에는 콘텐츠 자체로 성공할 확률보다는 1등과의 관계를 잘 설정하는 것이 더 주효하다. 1등과 싸우면 1등의 대응전략에 가로막혀서 질 수밖에 없다. 공존할 수 있는 방안을 모색해야 성공할 수 있다. 한류, 미국과 공존하라! 그래야 지속가능한 성공을 구가할 수 있다.

한국 엔터테인먼트, 한국 엔터테인먼트와 경쟁하라!

　미국영화가 산업으로 형성되고 세계로 뻗어 나갈 수 있었던 것은 1914년과 1948년 두 차례에 걸친 반독점 제소로 시장에서 서로 경쟁하는 환경을 조성했기 때문이었다. 배급시장까지 독점하려고 들었던 영화기자재 생산업체 '영화특허권회사'의 카르텔을 깬 1914년 우드로우 윌슨 대통령의 반독점 제소와 메이저 5대 영화사·작은 3대 영화사·빈민촌영화사 등 영화시장 3분할 독점체재를 깬 1948년 파라마운트 소송에서 연방정부가 승소한 것 등이 바로 그 반독점 소송이다. 미국 정부가 반독점 제소를 통하여 엔터테인먼트 시장에서 경쟁이 작동하도록 하지 않았다면 오늘날 미국영화는 세계 시장을 석권하지 못했을 것이다.

　특히 미국 연방정부가 1910년대 초반 반독점 규제를 감행하기 전 제1차 독과점 시기는 한국 엔터테인먼트 산업에 많은 것을 시사한다. 현재 미국 영화산업의 거점이 되고 있는 서부의 할리우드가 이 시기에 형성되었고, 할리우드에서 스튜디오 시스템이 탄생했기 때문이다. 영화기자재 생산을 주도하고 있었던 업체들이 모여서 1908년 '영화특허권회사'(MPPC, Motion Picture Patents Company)를 설비한데 이어서 1920년에는 배급을 담당하는 '제너럴 영화사'(General Film Company)까지 설립했다. 영화제작에 필요한 기자재 생산업체가 특허권료라는 명목으로 제작뿐만 아니라 배급과 상영에 이르는 전 과정을 거의 독점하다시피 한 것이다. 독점구조가 형성되자 애초에 동부 뉴욕에 자리하고 있었던 대부분의 독립영화사들이 하나둘 뉴욕을 떠나 서부 로스앤젤레스에 자리 잡기 시작했다.(강현두 외, 1999: 142~146) 법률 적용이 힘든 곳으로 멀찍이 옮겨 감으로써 영화 제작을 계속하기 위한 것이었다. 또한, 여차하면 국경을 넘어 멕시코로 도망치기 위한 것이기도 했다. 영화산업의 메카가 동부 뉴욕에서

3,945킬로미터나 떨어져 있는 서부의 로스앤젤레스로 바뀔 정도로 독점은 영화특허권회사에 소속되지 않은 독립영화사에게 치명적이었다.

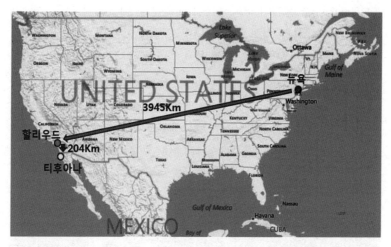

동부에 있는 뉴욕에서 서부 로스앤젤레스에 있는 할리우드까지 거리는 3845킬로미터다. 서울에서 부산까지 고속도로 거리에 해당하는 417킬로미터씩을 매일 운전해서 간다면 뉴욕에서 할리우드까지 9일이 넘게 걸린다. 독립영화사들은 영화특허권으로 형성된 독점 법망을 피하기 위해 미국 동북부 끝에서 서남부 끝으로 옮겨갔다. 로스앤젤레스에서 멕시코 국경도시 티후아나까지는 204킬로미터로 자동차로 2시간 30분에 불과한 거리다. 유사시에 단속을 피해 국경을 넘어 도망치기 가장 좋은 곳이다. 이리하여 형성된 것이 오늘날 미국 영화산업의 메카 할리우드다.

이에 연방정부는 독점을 규제하기 시작했다. 1890년 독점을 금지한 셔먼법(Sherman Act) 제정에 이어서 1914년 '연방거래위원회법'(Federal Trade Commission Act)를 제정하고 반독점법을 집행하는 기관인 연방거래위원회를 설립했다.(Hubbard & O'Brien, 2007: 495~496) 1915년 윌슨 대통령은 반독점 제소를 통해 제너럴영화사를 해체했고, 영화특허권회사의 소속 회원사들은 자사만의 이익을 추구하면서 극심한 분열상을 보이다가 결국 해체되었다. 미국 영화시장을 독점하고 있던 제너럴영화사와 영화특허권회사가 해체되면서 영화시장에서 경쟁이 다시 살아났다.

미국 연방정부의 반독점 규제는 영화를 제작하기 위해서 영화제작의 메카를 떠나야만 했던 독립영화사들에게 날개를 달아주었다. 훗날 독립영화사 가운데서 파라마운트·20세기폭스·MGM(메트로골드윈메이어) 등 굴지의 영화사들이 배출된다. 이들은 할리우드를 만들었고, 다른 나라 영화사들이 모방하지 않으면 안 되었던 스튜디오시스템과 스타시스템을 구축함으로써 영화사의 한 획을 그었다. 그리고 미국 영화시장뿐만 아니라 전 세계 영화시장을 지배하기 시작했다.(Gomery, 2005b: 71-82) 미국 연방정부가 자국의 엔터테인먼트 산업을 육성하기 위에서 취한 가장 성공적인 정책은 산업을 지원하는 진흥정책이 아니라 독과점을 깨는 반독점정책이었다.

<할리우드시대를 개척한 독립영화사>

파라마운트 로고

20세기폭스 로

MGM 로고

한국 엔터테인먼트 생산물 역시 치열한 경쟁의 산물이었다. 지난 1992년 정부는 엔터테인먼트 시장을 사실상 개방했다. 1995년 1월 1일 발효될 예정이었던 세계무역기구(WTO) 설립조약과 그 부속협정인 '지적재산권의 무역관련 측면에 관한 협정'[1]이 발효될 때를 대비해서 엔터테인먼트 시장을 먼저 개방함으로써 시장개방으로 인한 국내시장의 충격을 미리 점검하기 위한 것이었다.(한승헌, 1996: 45-55) 엔터테인먼트 산업을 일종의 테스트 베드(test bed)로 사용한 셈이다. 국가 전체로 본다면 대단히 신중한 처사이지만 엔터테인먼트 산업 그 자체로 본다면 시장을 포기한 것이라고 할 수 있겠다. 그나마 서장을 완전히 포기하지는 않겠다는 의지를 표명한 안전장치를 마련했다고 한다면, 중소기업 특화 업종이었던 엔터테인먼트 산업에 국내 대기업도 진출할 수 있도록 함으로써 국내시장에 진입하게 될 글로벌 엔터테인먼트 기업과 국내 대기업이 경쟁할 수 있도록 한 정도다. 따라서 시장 개방 이전에 한국 엔터테인먼트가 경쟁력을 확보하지 못했던 이유는 명백하다. 중소기업 특화 업종, 즉 정부가 나서서 외국기업과 국내 대기업의 엔터테인먼트 산업 진출을 제한함으로써 한국 엔터테인먼트 시장을 국내 중소기업이 독점하고 있었기 때문이다. 경쟁 없는 독과점시장에서 제대로 된 콘텐츠가 생산될 리 만무하다.

결론적으로, 영화·대중음악·출판 등 엔터테인먼트 산업을 중소기업 특화 업종에서 해제함으로써 대기업이 엔터테인먼트 산업에 진출했고, 엔터테인먼트 시장을 개방함으로써 글로벌 엔터테인먼트 기업도 국내 엔터테인먼트 시장에 진입했다. 이 과정에서, 즉 엔터테인먼트 시장을 개방하는 일련의 과정에서, 의도하지 않았던 놀라운

---

1) 일명 TRIPs협정이라 부른다. 협정의 정식 명칭은 Agreement on Trade Related Aspects of Intellectual Property Rights, Including Trade in Counterfeit Goods이다.

사건이 일어난다. 동남아시아를 시작으로 한류 열풍이 불기 시작한 것이다. 중소기업 특화 업종 해제에 따른 대기업과의 경쟁과 시장개방으로 인한 글로벌 엔터테인먼트 기업과의 경쟁 등을 동시에 겪으면서 국내 중소기업의 엔터테인먼트 산업 생산물이 한류로 거듭난다. 국내시장을 두고 벌였던 사활을 건 한 판 승부를 치르면서 국내 중소 엔터테인먼트 기업의 체질이 강화되었고, 그 결과는 양질의 엔터테인먼트 콘텐츠로 나타난다.

요컨대, 미국 엔터테인먼트의 세계화와 한국 엔터테인먼트의 세계화에서 공통점은 양국 정부가 국내시장에서 경쟁적인 시장 환경을 조성했다는 것이다. 다른 점이 있다면, 미국 정부의 경우 애초에 기업의 독점행위를 경제위기의 주범으로 간주하고 반독점 제소를 통한 경쟁적 시장 환경 조성을 정책적으로 추진한 반면, 한국 정부는 엔터테인먼트 산업을 포기함으로써 의도하지 않았던 경쟁적 시장 환경을 조성했다는 것이다. 미국 엔터테인먼트 기업은 정부의 독점 규제를 통해서 글로벌 경쟁력을 확보할 수 있었고, 한국 엔터테인먼트 기업은 정부의 규제에서 벗어났을 때 경쟁력 있는 콘텐츠를 생산할 수 있었다. 서로 다른 이유에서 경쟁적인 시장 환경이 조성되었고, 경쟁적인 시장 환경은 기업의 경쟁력 강화로 이어진 것이다.

그러므로 정부는 한류를 이용하려 들지 말고 한국 엔터테인먼트 기업 간의 경쟁 환경을 조성함으로써 향후에는 제대로 된 정책의 결과로서 한국 엔터테인먼트의 체질강화를 유도해야 한다. 그것이 한국 엔터테인먼트 기업을 위한 최대한의 배려다. 어설프게 지원책 몇 가지 내놓고 한류를 국정홍보의 수단으로 삼으려 하지 말라! 정부가 한류를 지원해주지 않아도 된다. 한류는 혼자 컸지 정부가 도와줘서 큰 것이 아니다.

정부의 역할에서 잘 드러나는 바와 같이, 한국엔터테인먼트 기업에게 가장 절실한 것은 경쟁적인 시장 환경이다. 기업에게 경쟁이란 나무에게 물과 같다. 물가에 심어진 나무가 잘 자라는 것처럼 기업은 경쟁 환경에서 가장 잘 성장한다. 한국 엔터테인먼트가 기업은 당장 달콤한 시장 독점을 노리지 말고 시장에서 경쟁하라! 국내시장에서 기업의 체질을 개선하고 경쟁력을 키우지 않으면 세계 시장에서 결코 승자가 될 수 없다.

참고문헌 및 웹사이트

참고문헌

강남준. 2006. "미국 네트워크 TV의 발전과정과 미국사회에 미친 영향".《언론정보연구》42(2): 5-40.

강준만. 2010a.《미국사 산책 13 - 미국은 1당 민주주의 국가인가?》인물과 사상사.

강준만. 2010b.《미국사 산책 14 - 세계화 시대의 팍스 아메리카나》인물과 사상사.

강준만. 2010c.《미국사 산책 15 - 礪·11테러 시대'의 미국》인물과 사상사.

강현두·강준만·이창근·오하타 히로시·즈아휑이·부정남·이진구. 2007.《세계방송의 역사》나남.

강현두·원용진·전규찬. 1998.《현대 대중문화의 형성 : 1920년대~30년대 미국의 대중문화 형성과 사회적 효과》서울대학교출판부.

김기수. 2011.《국제통화 금융체제와 세계경제 패권》살림.

김창욱. 2014. "대만 - 옛 명성은 어디로". 전자신문 1월 13일자.

김형곤. 2007.《로널드 레이건 - 가장 미국적인 대통령》살림.

서정남. 2009.《할리우드 영화의 모든 것》이론과 실천.

성열홍. 2010.《미디어기업을 넘어 콘텐츠기업으로》김영사.

송낙원. 2007.《포스트 할리우드 - 현대 미국 영화산업의 구조와 경영전략》커뮤니케이션북스.

양영철. 2006.《영화산업》집문사.

영화진흥위원회 편. 각년도.《한국영화연감》커뮤니케이션북스.

유현목. 1986. "세계의 발성영화". 한국영화교수협의회 편.《영화란 무엇인가?》지식산업사.

장대철·안병훈. 2009. "디지털 음악 콘텐츠 시장에서의 가격전략, 수익배분 및 시장구조".《한국경영과학회지》34(1): 133-152.

정경원·신철호. 2001.《디자인경영 사례연구》한국디자인진흥원·산업정책연구원.

최석호. 2006.《한국사회와 한국여가 - 근대적 대중여가의 형성과 문명화》한국학술정보.

최석호. 2009. "여가와 개발의 조화를 통한 사회적 통합".《문화관광》문화관광정책연구원.

최석호. 2017.《시간편집자 - 어느 여가사회학자의 행복에 관한 연구》MBC C&I.

한국문화산업교류재단. 2012.《한류 Story》

한국미국사학회 편. 2006.《사료로 읽는 미국사》궁리.

한국영화교수협의회 편. 1986.《영화란 무엇인가?》지식산업사.

한국콘텐츠진흥원. 2018.《2017년 4분기 및 연간 콘텐츠산업 동향보고서 - 영화산업》경성문화사.

Amit, Raphael & Chritoph Zott. 2012. "Creating Value through Business Model Innovation". *MIT Sloan Management Review*. 53(3): 41-49.

Arthur, Charles. 2013. "HTC Profit Slum Confirms Samsung and Apple as Smartphone Leaders". *The Guardian. Thursday* 13 *April.*

Baker, Dean. 2012(2007). 《딘 베이커가 쓴 가자 최근의 미국사 1980~2011》 (*The United States since* 1980). 최성근 역. 시대의 창.

Bell, Daniel. 1992(1980). 《자본주의의 문화적 모순》 (*The Winding Passage - Essays and Sociological Journeys* 1960-1980). 서규환 역. 아카넷.

Bell, Daniel. 2006(1999). 《탈산업사회의 도래》 (*The Coming of Post-Industrial Society*). 김원동·박형신 역. 디자인하우스.

Belton, John. 2008. 《미국영화 미국문화》 (*American Cinema American Culture*). 이형식 역. 경문사.

Braverman, Harry. 1989(1974). 《노동과 독점자본》 (*Labour and Monopoly Capital - The Degradation of Work in the 20th Century*). 이한주 역. 까치.

Brinkley, Alan. 2011. 《있는 그대로의 미국사 3 - 미국의 세기: 제1차 세계대전에서 오바마 행정부까지》 (*The Unfinished Nation*). 휴머니스트.

Castells, Manuel. 2001. *The Rise of the Network Society.* Blackwell.

Corrigan, Timothy(ed.). 2012. American Cinema of the 2000s - *Themes and Variations.* Rutgers University Press.

Corrigan, Timothy, 2012. "Introduction - Movies and the 2000s". Timothy Corrigan(ed.). *American Cinema of the 2000s - Themes and Variations.* Rutgers University Press.

Cross, Gary. 1990. *A Social History of Leisure since* 1600. Venture Publishing.

Cross, Gary. 1993. *Time and Money - The Making of Consumer Culture.* Routledge.

Cross, Gary. 2000. *An All-Consuming Century - Why American Commercialism Won in Modern America*. Columbia University Press.

Dixon, Wheeler Winston & Gwendolyn Audrey Foster. 2011. *21st-Century Hollywood - Movies in the Era of Transformation*. Rutgers University Press.

Fordham, John. 1993. *Jazz*. A Dolling Kindersley Book.

Gasser, Urs, Derek Bambauser, Jacqueline Harlow, Charles hoffman, Renny Hwang, George Krog, Stephan Mohr, Ivan Slater, C. Lee Wilson, John Palfrey. 2004. "iTunes - How Copyright, Contract, and Technology Shape the Business of Digital Media". The Berkman Center for Internet and Society at Harvard Law School.

Gasser, Urs & Gabriela Ruiz Begue. 2009. "iTunes - Some Observations after 500 million Downloaded Songs". The Berkman Center for Internet and Society at Harvard Law School.

Giddens, Anthony. 1990. *The Consequences of Modernity*. Polity.

Giddens, Anthony. 1998. *The Third Way - The Renewal of Social Democracy*. Polity.

Giddens, Anthony. 2000. *The Third Way and Its Critics*. Polity.

Giddens, Anthony. 2002. *Where Now for New Labour?* Polity.

Gomery, Douglas. 2004. "산업으로서의 헐리우드". John Hill & Pamela Church Gibson (eds.). 《세계영화연구》 (*The Oxford Guide to Film Studies*). 현암사.

Gomery, Douglas. 2005a(1996). "할리우드의 부상". Nowell-Smith, Jeffrey (ed.).《옥스퍼드 세계영화사》(*The Oxford History of World Cinema*). 열린책들.

Gomery, Douglas. 2005b(1996). "새로운 할리우드". Nowell-Smith, Jeffrey (ed.).《옥스퍼드 세계영화사》(*The Oxford History of World Cinema*). 열린책들.

Grossberg, L. 1992. *We Gotta Get Out of This Place - Popular Conservatism and Postmodern Culture*. Routledge.

Henderson, Bruce. 2008.《서브프라임 크라이시스》(*The Economic Tsunami*). 김정환 역. 랜덤하우스.

Hill, John & Pamela Church Gibson (eds.). 1998(2004).《세계영화연구》(*The Oxford Guide to Film Studies*). 현암사.

Hubbard, Glenn & Anthony O'Brien. 2007(2006).《경제학》(*Economics*). 자유아카데미.

International Federation of the Phonographic Industry. 2012. *Digital Music Report* 2012 - *Expanding Choice Going Global*.

International Federation of the Phonographic Industry. 2013a. *Digital Music Report* 2013 - *Engine of a Digital World*.

International Federation of the Phonographic Industry. 2013b. *Recording Industry in Numbers - The Recorded Music Market in* 2012.

Ipsos MediaCT. 2013. *The Digital Music Consumer - A Global Perspective*.

Jones, Steve. 2002. "Music that Moves - Popular Music, distribution and Network Technologies". *Cultural Studies*. 16(2).

Keynes, John Maynard. 2011.《고용 이자 및 회계에 관한 일반이론》(*The General Theory of Employment, Interest and Money*). 박만섭 역. 지식을 만드는 지식.

Kraus, Richard. 1978. *Recreation and Leisure in Modern Society*. Goodyear Publishing.

Lafley, A. G. & Roger L. Martin. 2013. *Playing to Win - How Strategy Really Works*. Harvard Business Review Press.

Lash, Scott & John Urry. 1987. *The End of Organized Capitalism*. Polity.

Lash, Scott & John Urry. 1998(1994).《기호와 공간의 경제》(*Economies of Signs and Space*). 박형준 역. 현대미학사.

Micklethewait & Wooldridge, 2005.《더 라이트 네이션 - 미국 보수주의의 파워》(*The Right Nation - Why America is Different*). 박진 역. 물푸레.

Miller, Toby. 2004. "헐리우드와 세계". John Hill & Pamela Church Gibson (eds.).《세계영화연구》(*The Oxford Guide to Film Studies*). 현암사.

Motion Picture Association of America. 2013. *Theatrical Market Statistics* 2012.

Motion Picture Association of America. 2018. 2017 *Theme Report*.

Nowell-Smith, Jeffrey (ed.).《옥스퍼드 세계영화사》(*The Oxford History of World Cinema*). 열린책들.

Oberholzer-Gee, Felix & Koleman Strumpf. 2009. "File-Sharing and Copyright". Harvard Business School Working Paper 09-132.

Osterwalder, Alexender & Yves Pigneur. 2011.《비즈니스 모델의 탄생》(*Business Model Generation*). 유효상 역. 타임비즈.

Palley, Thomas. 2009(2005). "케인즈주의에서 신자유주의로 - 경제학 패러다임의 이동". Saad-Filho, Alfred & Deborah Johnston (eds.).《네오리버럴리즘》(*Neoliberalism - A Critical Reader*). 김덕민 역. 그린비.

Petrie, Duncan. 2004(1998). "역사와 영화기술". John Hill & Pamela Church Gibson (eds.). 《세계영화연구》 (*The Oxford Guide to Film Studies*). 현암사.

Pohjola, Matti. 2002. "The New Economy – Facts, Impacts and Policies". *Information Economics and Policy*. 14: 133-144.

Polan, Dana. 2012. "Movies, a Nation, and New Identities". Corrigan, Timothy(ed.). *American*

Cinema of the 2000s – Themes and Variations. Rutgers University Press.

The President's Research Committee on Social Trends. 1933. *Recent Social Trends in the United States – Report of the President's Research Committee on Social Trends*. McGraw-Hill.

Putnam, Robert. 2009(2000). 《나 홀로 볼링 – 사회적 커뮤니티의 붕괴와 소생》 (*Bowling Alone – The Collapse and Revival of American Society*). 정승현 역. 페이퍼로드.

PwC. 2011. *Global Entertainment and Media Outlook – Industry Overview*.

PwC. 2012. *Global Entertainment and Media Outlook – Industry Overview*.

Reich, Robert. 1994(1991). 《국가의 일》 (*The Work of Nations*). 남정우 · 이광호 · 김주현 · 김신병 역. 까치.

Reich, Robert. 2011(2010). 《위기는 왜 반복되는가》 (*After Shock – The New Economy and America's Future*). 김영사.

Rob, Rafael & Joel Waldfogel. 2006. "Piracy on High C's – Music Downloading, Sales Displacement, and Social Welfare in a Sample of College Students". *Journal of Law and Economics* 49(1): 29-62.

Saad-Filho, Alfred & Deborah Johnston (eds.). 2009(2005).《네오리버럴리즘》 (*Neoliberalism - A Critical Reader*). 김덕민 역. 그린비.

Sartell, Joseph. 2005(1996). "할리우드 블록버스터의 꿈과 악몽". Nowell-Smith, Jeffrey (ed.).《옥스퍼드 세계영화사》(*The Oxford History of World Cinema*). 열린책들.

Sassoon, Donald. 2012(2006).《유럽문화사 V - 1960~2000 대중매체》(*The Culture of the Europeans*). 오숙은 · 이은진 · 정영목 · 한경희 역. 뿌리와 이파리.

Schatz, Thomas. 2012. "Movies and a Hollywood Too Big to Fail". Corrigan, Timothy(ed.). *American Cinema of the 2000s - Themes and Variations*. Rutgers University Press.

Shuker, Roy. 1998. *Key Concepts in Popular Music*. Routledge.

Shuker, Roy. 2001. *Understanding Popular Music*. Routledge.

Steinfels, Peter. 1983(1979).《현대 미국지성사 - 신보수주의자들 : 미국의 정치를 변화시킨 사람들》(*The Neoconservatives - The Man Who Are Changing America's Politics*). 김쾌상 역. 현대사상사.

Taibbi, Matt. 2012(2010).《오 마이 갓뎀 아메리카》(*Spiegel and Grau as Grittopia - Bubble Machine, Vampire Squid, abd the Long Con That is Breaking America*). 서해문집.

Taylor, Frederick. 2010.《과학적 관리법》(*The Principles of Scientific Management*). 방영호 역. 21세기북스.

Turow, Joseph. 1997. *Breaking Up America - Advertisers and the New Media World*. Universitiy of Chicago Press.

U.S. Department of Commerce. 2012. *Statistical Abstract of the United States*.

Weber, Max. 1978(1938). *The Protestant Ethic and the Spirit of Capitalism* (*Die protestantische Ethik und der Geist des Kapitalismus*). 박성수 역. 문예출판사.

Yergin, Daniel & Joseph Stanislaw. 1999(1998). 《시장 對 국가 - 국가주도 경제의 쇠퇴와 시장경제의 승리》(*The Commanding Heights*). 주명건 역. 세종연구원.

Zentner, Alejandro. 2006. "Measuring the Effects of Music Downloads on Music Purchases". *Journal of Law and Economics* 49(1): 63-90.

油井正一. 1995. 《재즈의 역사》(*A History of Jazz*). 이대우 역. 삼호출판사.

웹사이트

http://www.apple.com

http://www.bbc.co.uk

http://www.bennygoodman.com

http://www.bls.gov

http://www.census.gov

http://www.en.wikipedia.org

https://www.fcc.gov

http://www.fdrlibrary.marist.edu

http://www.ifpi.org

http://www.imdb.com

http://www.loc.gov

http://www.mpaa.org

http://www.reaganfoundation.org

http://www.timeline.britanica.co.kr

http://www.whitehouse.gov

미국 엔터테인먼트 전성시대

– 대중음악 · 영화 · 미디어의 사회사 –

초판 1쇄 인쇄 2019년 1월20일 ｜초판 출간 2019년 1월 28일 ｜지은이 최석호 ｜펴낸이 임용호 ｜펴낸곳 도서출판 종문화사 ｜편집디자인 오감 ｜인쇄 · 제본 경성문화사 ｜출판등록 1997년 4월 1일 제22-392 ｜주소 서울시 은평구 연서로 34길2 3층 ｜E-amail jongmhs@hanmail.net ｜값 15,000원 ｜ⓒ 2018, Jong Munhwasa printed in Korea ｜세트 ISBN 979-87141-39-40-2-04300 ISBN 979-87141-39- 41-9-03300 ｜잘못된 책은 바꾸어 드립니다.

"이 도서는 한국출판문화산업진흥원의 출판콘텐츠 창작 자금 지원 사업의 일환으로 국민체육진흥기금을 지원받아 제작되었습니다."